12 Lettre de Mr. l'Evêque d'Alet au Roi du 25. 8bre 1677 pendant
    la maladie dont il mourut au mois d'9bre suivant.

13 Testament du même du 9 8bre precedant.

14 Relation de ce qui s'est passé a sa mort et a ses obseques.

15 Epitaphe gravée sur une plaque de cuivre que l'on a mise
    dans son Tombeau.

AVERTISSEMENT

PRODVIT AV CONSEIL DV ROY,

POVR Meſſire Vincent Ragot, Preſtre, Docteur en droit canonique, Promoteur de l'Egliſe & dioceſe d'Alet, deffendeur & demandeur.

CONTRE Meſſires Iacques Ioſeph de Ménard de l'Eſtang, Preſtre, Doyen & Chanoine de l'Egliſe Cathedrale dudit Alet, & François Rives auſſi Preſtre, & Chanoine de la même Egliſe, demandeurs & deffendeurs.

Où l'on juſtifie la conduite de M. l'Eveſque d'Alet, & des Officiers de ſon dioceſe, contre les calomnies publiées par leſdits Sieurs de l'Eſtang & Rives, & leurs adherans; & ont fait voir quelles ont eſté les fauſſetez, les violences, & les emportemens deſdits Sieurs de l'Eſtang & Rives.

M, DC. LXV.

AVERTISSEMENT
QVE PRODVIT PARDEVERS LE ROY

Meſſire Vincent Ragot, Preſtre, Docteur en droit canonique, Promoteur de l'Egliſe & dioceſe d'Alet, deffendeur & demandeur.

CONTRE Meſſires Iacques Ioſeph de Maynard de l'Eſtang, Preſtre Doyen & Chanoine de l'Egliſe Cathedrale dudit Alet, & François Rives, auſſi Preſtre & Chanoine de la même Egliſe, demandeurs & deffendenrs.

A ce qu'il plaiſe à ſa Majeſté, & à Noſſeigneurs de ſon Conſeil, faiſant droit ſur l'inſtance, caſſer, revoquer, & annuller l'arreſt du Parlement de Grenoble du 21. Aouſt dernier 1664. & tout ce qui s'en eſt enſuivi, comme contraire à la diſpoſition des SS. Canons; & en conſequence déclarer par l'arreſt qui interviendra, que les abſolutions ad cautelam obtenuës par leſdits ſieurs de l'Eſtang & Rives, n'ont pu avoir d'autre effet que de les rendre capables de deffendre leur droit en juſtice : ordonner qu'ils ſe pourvoiront en Cour de Rome pour eſtre abſous, conformement à la ſentence de la Cour eccleſiaſtique d'Alet, du 9. Novembre 1663. ou pardèvant le ſieur Eveſque d'Alet, ainſi que ſa Majeſté le trouvera plus à propos ; & ſur le ſurplus mettre les parties hors de Cour & de procés, & condamner leſdits ſieurs de l'Eſtang & Rives aux deſpens.

NE juger des choſes que par les ſentimens ordinaires des hommes, il y auroit ſujet de s'étonner que la pieté de M. l'Eveſque d'Alet eſtànt connüe de toute la France, il ſe ſoit élevé depuis peu vne ſi horrible tempeſte pour renverſer tout le bien qu'il a établi dans ſon dioceſe avec des travaux incroyables. Mais ſi on les conſidere par des veües plus hautes & plus divines, on ceſſera d'en eſtre ſurpris, & on trouvera au contraire qu'il n'eſtoit pas poſſible qu'une auſſi grande vertu que celle de ce Prelat, ne rencontrât d'auſſi grand͗ obſtacles dans une auſſi ſainte entrepriſe, qu'eſt celle de faire une

A ij

guerre ouverte à tous les scandales & à tous les vices, & de faire refleurir dans tous les estats & dans toutes les familles le premier esprit
de la pieté chrestienne.

Quand le demon n'est attaqué que foiblement, il peut aussi ne traver-
ser que foiblemẽt ceux qui l'attaquent : mais quand il voit que c'est tout
de bon qu'on veut ruiner son empire, & luy ravir les ames qu'il regardoit comme sa possessiõ & son domaine, il n'y a point d'efforts qu'il ne
fasse pour maintenir son royaume, & pour empescher l'établissement
de celuy de Iesus-Christ.

Il y a 25. ans que M. d'Alet travaille avec une vigilance infatigable
à la sanctification des ames, que le souverain Pasteur a confiées à ses
soins. Il n'y a rien de plus saint que sa conduite, soit publique, soit
particuliere. Toute sa vie n'est qu'une oraison & une action cõtinuelle ;
& Dieu luy fait la grace de remplir d'une maniere merveilleuse ces
deux dev oirs d'un parfait Prelat, selon S. Gregoire : *Sit præsul actione
præcipuus, contemplatione suspensus.*

Il est aussy occupé de Dieu dans la priere, que les Religieux les plus dé-
tachez de toutes choses qui n'ont à penser qu'à eux mêmes. Et il s'applique de telle sorte à tous les besoins spirituels & temporels de son
diocese, qu'il semble qu'il s'est oublié soy mesme pour ne penser qu'au
salut des autres, & que les soins de Marthe ne luy laissent aucun moyen
de joüir de la part de Marie.

Iamais Evesque n'a mieux accompli le commandement du Sage,
de connoistre le visage de son troupeau. Il est presque toujours en visite ; &
il ne demeure dans Alet que quand il y est aresté ou pour quelques affaires importãtes, ou parce que le mauvais temps empesche l'accés des
montagnes. Et alors mesme comme il a pourveu la ville d'Alet de personnes qui y font reglément les instructions tous les dimanches & toutes les festes qu'il n'officie & ne presche point dans sa Cathedrale, ou
dans l'Eglise parroissialle, il va dans les villages voisins pour en reconnoistre l'estat, & nourrir les pauvres gens de la parole de Dieu, ce qu'il
fait d'une maniere admirable & toute pleine d'onction, & souvent
en un mesme jour deux ou trois fois en divers lieux.

Dans ses visites il entre dans un détail qui n'est pas imaginable. Il a
soin de tout, & rien ne luy échappe dans une paroisse. Il sçait comment
Dieu est servi dans châque famille : si on prie Dieu publiquement le
soir & le matin : comment les peres & les meres élevent leurs enfans,
traittent leurs serviteurs, & quel soin ils en ont. Il s'informe s'il n'y a
aucun scandale dans le lieu, ou danger de scandale ; & il y met tout
l'ordre qui luy est possible pour empécher l'impureté, le cabaret, les
jeux de hazard, les juremens, l'usure, l'injustice publique, ou particuliere connüe, le travail aux jours deffendus ; & tout cela non pas superficiellement, mais maison par maison. & famille par famille.

Il n'y a point d'années qu'il n'aille plusieurs fois dans tous les quartiers de son diocese où il tient les conferences ecclesiastiques, & donne ordre a tous les lieux d'alentour. Il fait de plus des visites regulieres generalement par tout, en usant du droit episcopal avec une telle moderation, qu'il en fait la plus grande partie à ses despens avec des fatigues incroyables, y ayant peu de lieux considerables où il n'aille deux ou trois fois l'année & souvent par des chemins si difficiles qu'il a couru fortune d'y perdre la vie.

Il a outre cela des Ecclesiastiques que l'odeur de sa pieté a attirez à Alet, qui pendant qu'il est dans un lieu vont dans les autres apprendre l'estat des choses; de sorte que reglément tous les mois une fois il a un compte exact de son diocese. Il sçait s'il s'y est fait quelque injustice, si quelqu'un est mort sans sacremens, s'il y a eu quelque scandale qu'on luy voulust cacher, & autres choses semblables.

Il y a aussy plusieurs filles ou veuves de condition, qui se sont données à Dieu sous la conduite de ce Prelat, & qu'il a fait instruire pour les rendre capables de former les jeunes filles dans la pieté, & pour apprendre aux femmes mémes à vivre chrestiennement dans leurs ménages. Elles font pour cela des especes de missions. Elles vont dans les villages. Elles enseignent dans les lieux où elles tiennent leurs escoles à toutes celles de leur sexe la doctrine chrestienne, leurs devoirs envers Dieu, envers elles mesmes, envers leursmaris, leurs enfans, leurs domestiques, leurs peres & meres. On voit des fruits merveilleux de ces pieuses filles, & on peut dire qu'elles ont les premices de l'esprit de leur vocation. Elles ne prennent rien de qui que ce soit, & M. d'Alet fournit tout ce qui est necessaire à leur subsistence & à leur entretien.

Son zele n'a pas esté satisfait de ces differentes manieres de travailler à la sanctification de son peuple, soit par luy, soit par les autres. Comme le ministere de la parole est la fonctiõ la plus attachée à l'Episcopat, il a cru qu'il en estoit redevable à tous ses enfans; & pour y satisfaire avec plus d'exactitude, il a comme trouvé le moyen d'estre en mesme temps en plusieurs lieux, instruisant à la mesme heure tout son diocese, & aussy bien les Pasteurs que le peuple. Et voicy en quelle maniere cela se pratique.

Il a étably des conferences ecclesiastiques qui se tiennent tous les mois en divers lieux du diocese par des Ecclesiastiques qu'il y envoye exprés, & l'on traitte en ces conferences toutes les matieres de pratique, dont la connoissance est necessaire aux Curez & aux peuples, sur les sacremens, sur les commandemens de Dieu & de l'Eglise, sur les obligations de châque estat & de chaque condition, sur les vertus, sur les pechez, &c.

C'est M. d'Alet qui dispose la matiere & les demandes qui sont envoyées à ces conferences, & pendant le mois les Ecclesiastiques travaillent à faire les réponses qu'ils donnent par écrit à la conference suivante, en laquelle on leur donne les réponses de M. d'Alet, qu'on leur explique, afin qu'ils les possedent mieux. Ces conferences sont divisées en quatre inſtructions, dont chacune eſt compoſée de trois ou quatre demandes & réponſes, & d'une reflexion de pratique. Ces inſtructions qui ſont toujours tres édifiantes, ſe font au peuple à meſme jour par toutes les parroiſſes du dioceſe, en la maniere marquée par les ordonnances ſynodales & ſuivant l'eſprit du Concile de trente, qui veut qu'on inſtruiſe les peuples d'une maniere proportionnée a leur capacité avec breveté & facilité; & Dieu a tellement beni cette conduite, que meſme les ſimples fidelles du dioceſe ſont inſtruits non ſeulement des myſteres de la foy, mais auſſy des veritables regles de la Morale chreſtienne, au lieu que le plus ſouvent ils n'entendent rien du tout aux diſcours eſtudiés que les predicateurs leur font, n'y ayant rien de plus rare que de ſçavoir ſe proportionner à l'intelligence du peuple, & de bien choiſir les inſtructions qui luy ſont propres.

Les careſmes il fait ſouvent luy meſme des projets de ſermons ſur les Evangiles pour les lieux où l'on prêche, qu'il donne à ceux qui ont cet employ. Et dans chaque careſme generalement en toutes les paroiſſes du dioceſe, aprés qu'on eſt revenu du travail on fait ſur le ſoir trois fois la ſemaine outre le dimanche une inſtruction pour réveiller l'eſprit de penitence, & diſpoſer ces peuples à la communion de Paſques.

Voila une partie de ce qu'il fait pour le ſalut de ſon peuple, ſans parler des prieres continuelles qu'il adreſſe à Dieu pour attirer ſur luy les benedictiõs du ciel. Mais eſtant perſuadé qu'un des principaux devoirs d'un Eveſque eſt de rendre ſon ſacerdoce fecond, en procurant à l'Egliſe des miniſtres prudens & fidelles, qui ſoient les *cooperateurs de ſes travaux, & les compagnons de ſes combats*, comme les appelle S. Paul, c'eſt à quoy il s'eſt appliqué dés ſon entrée dans l'epiſcopat de la maniere du monde la plus ſolide, & la plus conforme aux canons. Dans cette veüe il a achetté de ſon propre bien le lieu où eſt maintenãt le ſeminaire, qu'il a fait rebaſtir & accommoder à grands frais. Il y fait venir des jeunes gens de ſon dioceſe dans leſquels il voit quelque diſpoſition pour ſervir l'Egliſe; & s'ils n'ont pas dequoy fournir ou à leur vivre, ou au reſte de leur entretien, ou à l'un & l'autre enſemble, ce qui arrive ordinairement, on leur donne ce qui leur manque. On ne prend de ceux qui ont moyen de payer que 40. écus pour toute penſion. Entre les autres qui peuvent donner quelque choſe, & non pas tout, on s'accommode à leur pouvoir. Des uns on ſe contente de 20. eſcus : des autres qu'ils s'habillent ſeulement; & on fournit aux autres le vivre & le veſtement.

Il obſerve religieuſement le conſeil de l'Apoſtre de ne pas facilement impoſer les mains. Avant que de leur donner la tonſure, il les éprouve premierement huit mois ou un an dans ce ſeminaire, pour reconnoiſtre leur eſprit & leurs inclinations & ſi on juge qu'il y a quelque eſperance qu'ils puiſſent ſervir l'Egliſe, on les applique dans les lieux à faire les écoles chreſtiennes, & à élever les enfans ſelon les regles de l'Evangile pendant un an ou deux; & quand on a veu qu'ils s'y ſont bien gouvernez, car on veille ſur eux tres ſoigneufemēt) on les fait revenir au feminaire , & on leur donne la tonſure. On les tient là pendant 2.ou 3.ans,durant lesquels on leurenſeigne la doctrine de l'Eglife , & une theologie morale bien differente de celle des nouveaux Caſuiſtes.Aprés toutesces épreuves ſi on les juge capables , M. l'Eveſque d'Alet leur confere les ordres , & ne regardant que la vertu & non pas le bien, pour s'accommoder à la coutume preſente de l'Eglife il leur procure un titre patrimonial s'ils n'en ont pas.

Ce feminaire fert encore à recevoir tous les Eccleſiaſtiques qui viennent des dioceſes voiſins pour y faire des retraites,ou dans le deſſein de s'inſtruire *de la doctrine qui eſt ſelon la pieté* , comme parle l'Ecriture , ou d'y faire un renouvellement de vie. Il y en vient auſſy des autres quartiers du royaume ou dans le meſme deſſein , ou pour ſervir le dioceſe.On en prend tout le ſoin imaginable.On les entretiét de tout les 6. mois,& les années entieres,pour les rendre capables de ſervir les ames: de ſorte qu'il n'y eut jamais de plainte plus injuſte que celle que les Gentilhõmes revoltez ont faite contre M.d'Alet , *dé ce qu'il y a quelques annexes ſans ſervice* ; au lieu qu'il faut reconnoiſtre qu'il n'y a peuteſtre jamais eu d'Eveſque qui ait plus travaillé à fournir ſon dioceſe de bons Eccleſiaſtiques , & que ſi nonobſtant tous ſes ſoins il n'a pu encore en mettre partout , on ne s'en doit prendre qu'à la tres-grande pauvreté du pays, qui empeſche la plus part des perſonnes de faire étudier leurs enfans , & de les mettre en état d'entrer au feminaire , quoyqu'il faſſe tout ce qu'il peut pour ſuppleer à ce defaut par les écoles qu'il a établies au moins dans les principaux lieux , & les regens qu'il forme dans le feminaire pour inſtruire les enfans , & leur enſeigner non ſeulement à lire & à écrire , mais encore la langue latine , n'épargnant aucune dépenſe neceſſaire pour ce ſujet, meſme à l'égard des étrangers , quand on les juge propres pour rendre ſervice au dioceſe,

On reçoit auſſy à bras ouverts dans le feminaire les Curez, les Vicaires , & autres Eccleſiaſtiques du dioceſe, qui veulent y venir demeurer quelques jours pendant l'année, pour renouveler & *reſſuſciter en eux* , comme parle S. Paul , l'eſprit de Dieu , & la grace de leur profeſſion. Ordinairement pendant chaque année il y a quarante ou cinquante de ces perſonnes qui y font de ces retraits, le tout aux dépens de M.d'Alet, qui croit n'avoir aucun bien qui ne ſoit à tout ſon clergé autant qu'à luy, ne s'eſtimant ſelon les canons que le ſimple œconome du revenu de l'Eglife.

C'eſt dans ce même eſprit que hors même ces retraites , il ne veut point que les Curez & les Vicaires logent ailleurs qu'à l'Eveſché quand ils viennent à Alet pour les affaires de leurs egliſes. Il les reçoit tous avec une charité inconcevable, & ſon cœur leur eſt encore plus ouvert que ſa maiſon. Ils trouvent ioujours en luy un veritable pere , qui les aide à porter leur charge, & à faire en ſorte qu'ils ne manquent s'il ſe peut à aucun de leurs devoirs : qui eſt toujours preſt de les ſoutenir &

de les defendre, quand on les traverſe injuſtement dans les fonctions de leur miniſtere : qui les anime dans leurs bons deſſeins : qui les fortifie dans leurs foibleſſes ; & qui a autant de douceur & d'indulgence pour les bons, que de juſte ſeverité pour les méchans & les ſcandaleux.

Sa charité pour les beſoins temporels de ceux à qui Dieu l'a donné pour pere, n'eſt pas moindre que ſa vigilance pour leurs beſoins ſpirituels. Outre cinq ou ſix mille liures qu'il faut pour la ſubſiſtence de ſa maiſon, & les frais de ſes voyages;& ce qu'on le force d'employer miſerablement pour ſoutenir des procés qu'il ne pourroit pas abandonner ſans trahir ſa conſcience, tout le reſte de ſon bien eſt pour les pauvres.Il y a conſommé ſon patrimoine qui eſtoit fort conſiderable ; & outre ſon reuenu annuel quelquesuns desEccleſiaſtiques qui ont du bien y employent auſſy le leur, tout eſtant commun parmy eux, & nul n'y prenant que le vivre & le veſtement. Il fait acheter toutes les années pour de grandes ſommes du linge pour les pauures, des étoffes pour leur faire des habits, & des couvertures pour leur donner plus de facilité d'executer ce qu'il a ordonné avec beaucoup de ſageſſe, que les enfans ne couchent point enſemble depuis qu'ils ont atteint l'âge de 5. ou 6. ans ; & qu'ils ne couchent pas auſſy avec leurs peres & leurs meres.

Il marie ou aide à marier quantité de pauures filles.Il met pluſieurs enfās en meſtier,& il fait aſſiſter pluſieurs familles ruinées dans les villes & dans les villages.Ce ſont là les aumônes ordinaires: mais elles augmentent de beaucoup, quand il arriue quelque ſterilité ou generale ou particuliere. Et il y a trois ans qu'il a nourri pendant 4. mois avec l'aide des Curez qu'il a portez à imiter ſon exemple, la plus grande partie des peuples de ſon dioceſe, qui ſans cela ſeroient morts de faim.

Il eſt auſſy menager envers luy-même,que liberal envers les autres.Il obſerue religieuſement les reglemens des Conciles, qui veulent que les meubles d'un Eveſque ſoient pauvres, & que ſa table n'ait rien de ſuperflu. Son train eſt toutafait modeſte & edifiant. Il n'a point de liurées;mais il a quelques enfans de bonne famille qu'il éleue dans la pieté & l'humilité chreſtienne,qui luy rendent dans cet eſprit les ſervices dont il ne ſe peut paſſer, & qu'il fait auſſy inſtruire avec grand ſoin par un Eccleſiaſtique qui en à la charge.

L'ennemy de nôtre ſalut n'a pû ſouffrir une ſi ſainte conduite, & il a ſuſcité toutes ſortes de perſonnes pour traverſer des deſſeins ſi contraires à ceux qu'il a de perdre les hommes.

Les alliez & les partiſans de quelques officiers concuſſionnaires que le zele de ce Prelat à fait punir pour délivrer ſon peuple de leurs brigandages,ont aigri contre luy la plus grande partie du parlement de Toulouſe.

Des Gentilhommes accoutumez à une vie de libertinage, & à opprimer les ſujets du Roy par des injuſtices manifeſtes, ont regardé comme

me une injure & comme une servitude la necessité que leur Prelat,ou
plutôt que la loy de Dieu leur imposoit de cesser leurs exactions, &
de restituer ce qu'ils avoient notoirement mal acquis.

Ceux qui deshonnoroient le christianisme par des scandales publics,
n'ont pu endurer qu'on les avertît de leur devoir, & qu'on leur refusât
ce qu'on ne pouvoit leur accorder qu'à leur condamnation.

La defense des danses qui se faisoient d'une maniere tres dissoluë, &
l'execution des ordonnances de nos Rois qui defendent la frequen-
tation des cabarets pendant l'office diuin, & en tout temps à tous ceux
qui sont habituez dans les lieux, & qui punissent la profanation des
dimanches & des festes, ont fait soulever toute la jeunesse débauchée
contre des reglemens si salutaires.

Des beneficiers entrez dans leurs benefices par des voyes manifestement & ouvertement illicites, s'en sont pris à ce saint Evesque, de ce
qu'ils ne trouvoient point de Prestre entre ceux qu'il a approuvez, qui
les voulussent absoudre dans un si mauvais état.

Enfin ceux que leur profession devoit porter davantage à contribuer
de tout leur pouvoir pour arrêter ces desordres, ont le plus contribué
à les augmenter. Des Reguliers prevenus des méchantes maximes de la
morale corrompüe, n'ont pu souffrir qu'on en enseignât, & qu'on en
pratiquât une plus pure, & qu'on ne leur permît pas de traitter les
ames avec les relâchemens pernicieux, que les nouveaux Casuistes ont
introduits dans l'Eglise. De sorte que les uns voulant danser & perseverer dans leurs vices, & les autres voulant absoudre les danseurs & les
vitieux, il s'est formé de tout cela une horrible tempeste contre M.
l'Evesque d'Alet.

Mais l'ouvrage du demon n'auroit pas esté achevé s'il n'avoit donné
un chef à cette maligne conspiration; & voicy de quelle sorte il en a
trouvé un, & par quels degrez une personne qui a paru autrefois des
plus affectionnées à M. l'Evesque d'Alet, a esté precipitée iusqu'à se
declarer son plus mortel ennemy, & le protecteur de tous les deregle-
mens, ausquels il a tâché de remedier.

Mre Iacques Ioseph de Ménard de l'Estang, Doyen du Chapitre
d'Alet, a demeuré cinq ans dans l'evesché. C'est M. l'Evesque d'Alet
qui l'a fait Prestre, & qui luy a procuré le doyenné. Il a témoigné pendant tout ce temps là beaucoup d'estime pour la conduite de M. d'Alet,
& pour les reglemens du diocese. Mais ce qui fit remarquer en luy un
esprit peu solide, est l'attache qu'il avoit déslors à certaines devotions
assez mal reglées qui maledifioient plusieurs personnes, & d'autres
phantaisies qu'il a eües depuis, de faire allumer des feux devant la porte de sa maison, de faire tirer quantité de boestes pendant l'office
pour honnorer, disoit-il, Dieu & sa sainte Mere, d'aller de maison en
maison porter aux malades de l'eau d'une certaine Nostre-Dame, & de
leur en faire prendre avec des ceremonies superstitieuses, & autres semblables.   B

Apres la mort de M. d'Angiers Vicaire General, M. d'Alet qui regarde tout son bien comme étant aux pauvres, dit à M. le Doyen qu'il ne croyoit pas pouvoir en conscience tenir maison à l'evesché pendant qu'il estoit en ses visites, comme il y étoit presque toujours, & qu'ainsy il le prioit de prendre un logis à la ville.

C'est ce qui commença à indisposer M. de l'Estang pere de M. le Doyen, Conseiller au parlement de Toulouze, dans la crainte que son fils ne s'engageât en de grandes dépenses, au lieu que demeurant à l'evesché il ne luy coutoit rien.

Il se mit aussy dans l'esprit qu'on luy faisoit tort de ne l'avoir pas fait Vicaire General, comme étant à son avis plus capable que personne de faire valoir & entretenir la discipline du diocese, tant acause de sa pieté, que de son credit, & du pouvoir qu'avoiēt ses parens dans le parlemēt de Toulouse & dans le pays. C'est ce qu'il témoignoit assés librement à des personnes à qui il ouvroit son cœur. Mais comme ces considerations humaines & politiques ne sont pas des raisons pour M. d'Alet, qui le pussent porter à engager en des emplois si difficiles des personnes qu'il n'en auroit pas jugé capables, il a toujours cru que M. le Doyen, dont il connoissoit la portée, se devoit renfermer dans la fonction de sa charge de Doyen, en faisant en sorte que l'office divin se celebrât dans la cathedrale avec la reverence & la modestie requise, & que toutes choses se passassent dans le Chapitre selon les regles de l'Eglise. C'est ce que M. l'Evesque d'Alet luy a representé souvent avec des paroles toutes pleines de bonté & d'affection, mais qui au lieu de guerir cet esprit malade de la trop bonne opinion de luy même, n'ont servi par un secret jugement de Dieu qu'à l'indisposer davantage.

Il étoit neanmoins difficile qu'il perdist tout d'un coup l'estime & la veneratiō qu'il avoit cùceüe depuis longtemps pour un si digne Prelat; & l'alteratiō qu'il pouvoit avoir dans l'esprit; & que peutêtre il se dissimuloit à luy même, avoit besoin de quelque occasion extraordinaire qui la fist éclater au dehors. Mais ces sortes d'occasions ne manquent gueres d'arriver à ceux qui par des passiōs secretes se sont sechez au dedans de toute l'onction du S. Esprit; parce que Dieu permet ordinairemēt qu'étant ainsi preparez à recevoir le feu de la division, le demonait le pouvoir de jetter une étincelle qui cause en un moment un tresgrand embrasement, & qui dissipant l'apparence d'une vertu peu solide, fait paroître au dehors les personnes telles qu'elles sont au dedans sans le sçavoir. L'occasion qui a fait éclater les mécontentemens de M. le Doyen, & qui l'a engagé aux étranges excés où il s'est porté ensuite, est capable de faire connoistre à tout le monde quel est l'esprit qui le pousse dans cette affaire.

Le Chapitre d'Alet a le bonheur, aussy bien que plusieurs autres de ces quartiers là, de ne s'être point soustrait par de pretendus privileges & des exemptions mendiées de la dépendance de son Evesque; &

jamais il n'a eu plus de fujet d'eftimer ce bien que maintenant , qu'il peut tirer tant d'avantage des lumieres , & de la conduite de fonPrelat. M. d'Alet cõmença donc fur la fin du mois d'Avril 1663. à y faire la vifite avec toute l'autorité que Iefus-Chrift luy a donnée. Et comme il tâche toujours de faire les chofes de la maniere la plus charitable & la plus douce , il témoigna dés le premier jour de cette vifite qu'il feroit bien aife de ne rien faire que de cõcert, & qu'ainfi il vouloit bien que le Chapitre nommât deux Chanoines , & que luy en prendroit deux autres avec lefquels on aviferoit en particulier à ce qui feroit plus expedient pour le bien de l'Eglife cathedrale. Le Chapitre nomma M. le Doyen, & M. Rives, aufquels il ne fut donné autre pouvoir que de faire rapport au Chapitre de ce qui fe feroit dans les conferences particulieres, s'il fe trouvoit quelque difficulté dans les ordonnances. Mais ils n'y en trouverent point. Ils agréerent & approuverent tout. Et lors qu'on fignifia ces ordonnances l'11. de May, M. le Doyen s'oppofa à quelquesuns qui les vouloient faire confulter avant que de les recevoir.

Il demeura tout le mois de May & le mois de Iuin dans cette bonne difpofition ; mais voicy un accident qui la renverfa , & qui luy fit trouver une infinité d'abus dans ces ordonnances , dans lefquelles il n'avoit rien trouvé auparavant que de loüable & d'avantageux pour la gloire de Dieu & pour le bien de l'Eglife.

Il avoit un valet qu'il avoit autrefois chaffé pour fes impuretez, & que le maiftre qu'il avoit ferui depuis avoit efté auffy obligé de chaffer pour le même fujet. Ce valet qu'il avoit repris à fon fervice avec l'affliction des gens de bien , n'en étant pas devenu plus fage , continüoit à folliciter plufieurs femmes & filles , & à leur tenir des difcours infames, & même impies. On en avertit M. le Doyen , afin qu'il y mît ordre , mais fans effet. M. l'Evefque d'Alet luy en parla plufieurs fois , & le conjura de le vouloir congedier pour faire ceffer ce fcandale; mais ce fut en vain. Il s'opiniâtra à le garder, & le rendit fi infolent par l'appuy qu'il luy donnoit, qu'il fe porta en quelques occafions iufqu'à menacer les officiers de la juftice de leur caffer la tefte , & de tuer M. Ragot Chanoine & Secretaire de M. d'Alet. Comme on vit que la tolerance rendoit ce garçon plus audacieux & plus fcandaleux , on informa de fes deportemens, & fur cette information ayant été decreté prife de corps on fe faifit de luy , & on le conduifit dans les prifons de la juftice temporelle d'Alet. Le chef de cette juftice qui porte le nom de *Viguier*, eft vn tres homme de bien , qui de Xaintes où il étoit procureur du Roy en l'Election , vint à Alet à pied il y a 5. ou 6. ans fans autre deffein que de fe mettre fous la conduite de M. d'Alet pour vivre chrêtiennement; ce qui porta ce Prelat à luy donner cette charge, qu'il exerce non feulement avec une integrité exemplaire , mais d'une maniere tresfainte; de forte qu'il n'y a pas le moindre fujet de foupçonner qu'il n'ait agi dans cette affaire comme dans toutes les autres par le feul zele de la juftice.

Cependant M. le Doyen étant averti de la prise de son valet, s'en vint tout transporté à l'evesché, menaça la main haute le *Viguier* de le faire repentir de cette action, & quelques autres personnes qui se trouverent là d'avoir aidé à la faire, & protesta qu'il ne sortiroit point qu'il n'emmenast son valet. On l'avertit avec respect de l'insulte qu'il faisoit à la justice, & à la maison episcopale en l'abscence de M. l'Evesque qui étoit en visite, & on le pria de vouloir se retirer ; ce qu'il fit enfin avec peine, & en se retirant il cria à la porte contre toute verité, qu'on l'avoit maltraité, prenant deux de ses valets à témoin, dont l'un avoit esté si hardy que de lever la main pour donner un soufflet au chef de la justice si on ne l'eût arresté.

Voila l'étincelle qui a allumé le feu que le démon souffle depuis ce temps là pour mettre tout en trouble dans le diocese d'Alet. Voila ce qui a ouvert les yeux au sieur de l'Estang pour sortir de l'aveuglement où il dit qu'il avoit été jusqu'alors. M. d'Alet luy avoit paru un saint ; mais il a cessé de l'être à son égard aussitost qu'on a voulu reprimer les déreglemens de son valet. Ceux d'entre les Ecclesiastiques de la Cathedrale, qu'il avoit le plus improuvez, a cause de la resistence qu'ils apportoient à l'établissement de la discipline, sont devenus tout d'un coup ses meilleurs amis, parce qu'on n'a pas permis à son valet la continuation de ses débauches ; & le zele du *Viguier* pour les arrester, a fait que les ordonnances de M. d'Alet, n'ont plus été supportables.

Car s'étant allé plaindre au Chapitre de cet emprisonnement, & le Chapitre n'ayant veu aucune raison qui l'obligeât de prendre part à une si vilaine affaire, il chercha d'autres moyens de se vanger, tant de cet outrage qu'il croyoit avoir receu, que de ses mécontentemens pretendus ; & il pensa surtout à se rendre maistre du Chapitre, à quoy il aspiroit depuis longtemps.

Pour reüssir dans ces desseins il se joignit aux plus emportez des ces gentilshommes, qui par un attentat criminel ont d'eux mêmes sans aucune autorité creé des syndics contre M. d'Alet, pour se procurer l'impunité dans les vices & dans les desordres ; & il se ligua aussy avec les Reguliers, qui se sont declarez les fauteurs & les appuis de cette caballe revoltée ; de sorte qu'il ne faisoit rien sans le conseil de ces gens-là.

Il attira ensuite dans sa faction M^res Iean Fabres, & François Rives Chanoines capitulans, & quelques habitués de l'Eglise cathedrale, qui ne pouvoient souffrir la discipline & le bon ordre (ils se sont neanmoins reconnus depuis excepté le sieur Rives) & apres avoir consulté avec eux de quelle sorte ils se conduiroient dans cette entreprise, qui ne tendoit qu'à troubler celuy qui ne respiroit que leur salut, ils ne trouverent rien de plus specieux, & qui luy pût donner plus de peine, que l'appel de ses ordonnances de visite publiées le 11. de May precedant, il y avoit prés de deux mois.

Il faut avoüer que ce Doyen ne pouvoit pas employer un moyen plus proportionné à ce malheureux deſſein, que celuy qu'il y employa d'abord, qui fut une inſigne fauſſeté. C'eſt le premier pas que luy fit faire celuy qui eſt menteur dés le commencement, & le pere du menſonge ſelon l'Evangile. Car n'ayant que deux capitulans de ſon party qui euſſent formé ce projet dont il n'oſoit s'ouvrir aux autres, & voulant neanmoins pouvoir faire cet appel au nom du Chapitre, il ſuppoſa une deliberation capitulaire du 30. Avril precedant, priſe au ſujet de la viſite qui a peine étoit encore commencée, & en laquelle M. d'Alet n'avoit encore rien ordonné. Et par cette deliberation les ſieurs de l'Eſtang & Rives ſe font deputer à Toulouſe, pour conſulter leſdites ordonnances, & en appeller, quoyque M. le Doyen les eût approuvées, & qu'il ſe fût oppoſé comme il a été dit à ceux qui les vouloient faire conſulter. Mais il étoit plus facile de feindre cette deliberation, que de la faire trouver dans le regiſtre des deliberations capitulaires, parce qu'il y en avoit pluſieurs de ſuite depuis ledit iour 30. Avril : de ſorte qu'ils furent obligez par une falcification bien groſſiere de faire inſerer cellecy à la marge & entre-lignes par le ſecretaire qui étoit de leur cabale. Et M. le Doyen ſuivant la coutume du Chapitre juſqu'alors obſervée, la ſigna ſeul comme preſident.

Cette piece eſt ſi viſiblement fauſſe, que ceux mêmes qui l'ont fabriquée en rougiſſent maintenant, quoyque ce ſoit le fondement de tout ce qu'ils ont fait enſuite. Car en conſequence de cette prefenduë deliberation M. le Doyen fit dreſſer le 15. Iuillet 1663. un acte d'appel des ordonnances de viſite de M. d'Alet, tant en ſon nom qu'en celuy du Chapitre, qui n'eſt qu'un tiſſu de fauſſetez & d'impoſtures ſi groſſieres, que la maniere même pleine de fraude & de tromperie dont elles ſont exprimées, les découvre à tout le monde.

Il n'oſe pas dire ouvertement qu'il ait témoigné trouver à redire à ces ordonnances, lors qu'elles furent leües dans le Chapitre l'11. May 1663. parce qu'il auroit été convaincu de menſonge par pluſieurs perſonnes qui ſçavent le contraire. Et neanmoins c'eſt ce qu'il veut faire entendre par ce diſcours entortillé & plein d'équivoques: *Que M. l'Eveſque d'Alet ne peut ignorer que l'11. May étant entré en leur Chapitre pour parler des affaires d'iceluy, il leur auroit fait lecture de certaine ordonnance par luy renduë contre ledit Chapitre, contenant 20. articles tous quaſi contraires à la police generale du royaume, & à l'uſage & poſſeſſion des Chapitres cathedraux, & notamment de celuy d'Alet; occaſion dequoy après ladite lecture le ſieur conſtituant comme chef dudit Chapitre auroit demandé copie pour y déduire ſes intereſts, &c.*

Il eſt difficile de deviner dans cet embaras affecté de paroles embroüillées ce que M. le Doyen pretend que M. l'Eveſque d'Alet ne peut ignorer.

Eſt-ce ſimplement qu'*étant entré dans le Chapitre l'11. May 1663. il y a fait lire une ordonnance ?* Cela est vray ; mais si on en demeuroit là, ce ne seroit pas un sujet de faire un acte.

Est-ce que M. d'Alet ne peut pas ignorer, *que cette ordonnance n'ait été renduë contre le Chapitre ?* Mais c'est ce qu'il ignore, pareeque cela est faux & impertinent, cette ordonnance qui ne contient que des reglemens pour l'avenir tres-prudens & tres-charitables, étant pour le Chapitre, & non point contre le Chapitre. Autrement il faudroit dire que la regle de S. Benoist est une ordonnance renduë contre les Religieux ; celle de S. Augustin une ordonnance renduë contre les Religieuses ; & même que l'Evangile est une ordonnance renduë contre les chrêtiens.

Est-ce que M. d'Alet ne peut ignorer, *que quasi tout les articles de cette ordonnance ne soient contraires à la police generale du royaume, & à l'usage & possession des Chapitres cathedraux, & notamment de celuy d'Alet ?* Mais c'est encore ce qu'il ignore, parce que cela est toutafait contraire à la verité pour ce qui est de la police generale du royaume, & de l'usage du Chapitre d'Alet, qui n'ayant aucun privilege ny exemption, ne peut pretendre, comme il ne le pretend pas aussy, être dans la même indépendence de leur Evesque que les Chapitres exempts.

Est-ce au moins que M. d'Alet ne peut ignorer, que M. le Doyen n'ait témoigné lors qu'on leut ces articles l'11. May, qu'ils luy sembloient *contraires à la police generale du royaume, & à l'usage du Chapitre d'Alet ?* Mais c'est ce qui est tres faux, puisqu'au contraire il s'oposa à ceux qui les vouloient faire côsulter avant que de les recevoir, & ainsi ces mots : *occasion dequoy il en demanda copie,* contiennent une fausseté manifeste ; parce qu'ils font croire que ce qui luy en a fait demander copie étoit qu'il trouvoit des abus dans presque tous les articles ; au lieu qu'il en jugeoit tres avantageusement alors, & que ce n'a esté que la passion & le dépit qu'il a conceu de l'emprisonnement de son valet, qui luy en a fait faire depuis un jugement tout contraire.

Le discours qui suit n'est pas moins embarassé. Il dit *que comme chef du Chapitre, & au nom d'iceluy, il auroit demandé copie pour y deduire ses interests, qui n'estoient autres que de faire retracter ladite ordonnance, comme extraordinairement prejudiciable aux libertez dudit Chapitre ; mais qu'il avoit pressenty que ledit Seigneur n'estoit pas en volonté de leur faire justice sur ledit retractement.*

· Cette qualité de *chef du Chapitre* que M. le Doyen se donne, n'est qu'une marque de sa vanité, qui luy faisoit dire en parlant du Chapitre & des Chanoines, *mon Chapitre, mes Chanoines.* Car ce Chapitre n'a point d'autre chef que l'Evesque même, qui en est appellé *Prælatus* par la bulle de la secularisation, & le Doyen n'est que le premier des Chanoines sans aucune superiorité sur les autres.

Mais comme cela importe peu au different present, il vaut mieux considerer que quelque hardiesse qu'il eust prise d'alterer la verité dans cet acte, il n'ose pas dire *que l'11. May il ait demandé à M. d'Alet au nom du Chapitre, qu'il retractât son ordonnance, comme extraordinairement prejudiciable aux libertez dudit Chapitre.*

Mais il a recours à de pretendües intentiōs qu'il dit maintenant avoir eües, & à des explications sousentenduës de ces intentions cachées. *Iay*, dit-il, *demandé copie de ordonnance* (c'eſt tout ce qu'il y a de vray) *pour deduire les intereſts duChapitre* (c'eſt l'intention cachée) *qui n'étoieut autres que de faire retracter ladite ordonnance*, c'eſt l'explication sous-entendue de cette pretendue intention. Et tout cela n'ayant point paru, & M. le Doyen n'ayant pas ouvert la bouche pour demander à M. d'Alet cette retractation, il veut que l'on croye que par une lumiere prophetique *il avoit preſſenti que M. d'Alet n'eſtoit pas en volonté de faire iuſtice ſur ledit retractement.*

Ce n'eſt pas encore là la fin des *preſſentimens* de M. le Doyen. Car au lieu que les hommes du commun declarent & témoignent ce qu'ils veulent, & font parler les autres pour ſçavoir auſſy quelle eſt leur volonté, celuy-cy par une conduite plus myſterieuse ne fait que *preſſentir*, & *faire preſſentir. Ayant*, ditil, P R E S S E N T Y, *que ledit ſeigneur n'étoit pas en volonté de leur faire juſtice ſur ledit retractement*, ledit ſieur de l'Eſtang Doyen luy auroit F A I T P R E S S E N T I R *que ledit Chapitre avoit deliberé d'en interjetter appel.*

Que de détours & de circuits pour déguiser un menſonge ! Si M. le Doyen pretend avoir declaré à M. d'Alet l'11. May, ou en quelque autre temps avant l'empriſonnement de ſon valet, *que le Chapitre avoit déliberé d'interjetter appel de ſes ordonnances*, que ne le ditil néttement, & que ne marque-t'il quand & en preſence de qui il a fait cette declaration ; au lieu d'aller chercher ce tour ridicule, *qu'il l'avoit fait preſſentir*, ſans nous dire ny comment ny par qui ? Mais que ce ſoit declaration, que ce ſoit *preſſentiment*, que ce ſoit tout ce qu'il voudra, c'eſt une horrible fauſſeté, n'étant pas poſſible qu'il ait fait entendre à M. d'Alet en quelque maniere que ce ſoit, *que le Chapitre avoit deliberé d'appeller de ſes ordonnances*, puiſqu'il eſt tres-faux que le Chapitre ait jamais fait une telle deliberation, cōme il paroît aſſez par la falſification qu'on a faite dans les regiſtres pour l'y faire trouver en l'y inſerant à la marge, & par le deſaveu qu'en a donné le Chapitre, & de ce qu'il faudroit ſi elle étoit vraye que le Chapitre eût donné pouvoir à deux Chanoines d'appeller d'une ordonnance qui n'étoit pas encore faite, ce qui auroit été une conduite ridicule.

Cependant cette impoſture manifeſte eſt le fondement de la maniere injurieuſe dont il parle de M. l'Eveſque d'Alet dans la ſuite de cet acte. Car ſuppoſant ce qui eſt faux & impoſſible, qu'on luy avoit fait ſçavoir *que le Chapitre avoit deliberé d'interjetter appel de ſes ordonnances*, il dit, *que dez le moment qu'il en avoit eu cōnoiſſance, s'imaginant que c'étoit luy faire injure de s'en prendre à ſes ordres, & notamment lors qu'ils ſont redigez par écrit, & par luy decretez, il auroit témoigné être fâché contre ledit sieur Doyen & autres , ne le pouvant faire contre tout le Chapitre en corps, jusqu'à luy donner des sujets de craindre les censures ecclesiastiques, suspension & privation des sacremens, & ce pour user de son droit , & du remede naturel & public que l'appellation fournit.*

Il faut n'avoir guere de crainte de Dieu pour avancer de telles calomnies contre l'oint du Seigneur , & en prendre sujet de le faire passer pour un homme emporté qui ne pense qu'à venger ses propres injures. On dit qu'ayant sceu que le Chapitre avoit deliberé d'appeller de ses ordonnances , il a menacé des censures ecclesiastiques ceux qui vseroient de ce droit. Ces menaces supposent donc qu'il ait eu connoissance de la deliberation que le Chapitre avoit faite d'appeller de ses ordonnances. Or cette deliberation n'a jamais été. Et par consequent ces pretendües menaces ne sont qu'une pure calomnie : outre que c'est un fait calomnieux de luy attribuer une disposition qu'il a fait voir estre bien éloignée de son esprit ; puisqu'il n'a pas eu la moindre pensée de punir d'aucune censure l'appel effectif que M. le Doyen a interjetté de ses ordonnances , quoyqu'il fût accompagné de tant de faussetez si criminelles.

Mais c'est un étrange jugement de Dieu, que M. le Doyen n'ait pu s'empécher de d'écouvrir dans cet acte même la playe de son cœur, & ce qui l'a precipité dans tous ces excés. Car bâtissant toujours sur la même imposture de la connoissance qu'avoit M. d'Alet qu'on vouloit appeller de ses ordonnances, il dit, *que son mécontentement s'augmentant de jour à autre , il avoit dénié de luy faire justice* , sur les plaintes qu'il luy avoit faites touchant l'affaire de son valet, dont il fait un grand narré, comme si M. d'Alet qui ne vange jamais les injures qu'on luy a reellement faites, avoit pu vanger un dessein que M. le Doyen n'avoit peutestre pas encore formé , & qui certainement étoit entierement inconnu à M. d'Alet; & comme si ce Prelat étoit obligé d'ajouter plus de de foy aux recriminations de M. le Doyen contre les officiers de sa justice , dont la probité luy est connüe, qu'aux informations juridiques de ces officiers contre les débauches du valet, & les emportemens du maistre,

Enfin il finit cet acte par la fausseté capitale, qui en fait le principal. Car après avoir feint qu'il estoit à craindre *que M. d'Alet n'attentât quelque chose en vertu de l'ordonnance de l'11. May sous pretexte que ladite appellation ne luy avoit pas esté dénoncée par écrit*, comme si elle avoit esté faite auparavant de vive voix , il ajoûte, *que le Sieur Doyen luy a declaré que tant luy* QVE LEDIT CHAPITRE, *est appellant, comme il appelle dés lors comme dés maintenant, tant de ladite ordonnance dudit jour 11. May, que d'autres y dénommées .... & ce pardevant le sieur Official metropolitain de Narbonne.*

Il n'y a point de fausseté qu'on ne doive tolerer dans l'Eglise, si l'on souffre qu'un Prestre oubliant ce qu'il doit à Dieu, à sa conscience, à son

caractere,

earactere, ose declarer par un acte public, *qu'un Chapitre est apellât des ordonnances de son Evesque* lors qu'il n'en est point apellât, & qu'il n'a donné ny à cet homme, ny à qui que ce soit procuration pour en appeller.

Ce fut aussy ce qui surprit étrangement le Chapitre, lorsqu'il apprit que M. le Doyen avoit fait signifier à M. d'Alet cet acte faux & injurieux le 25. Iuillet. Surquoy s'estant assemblé le 8. Aoust ensuivant cet acte fut desavoüé, & il fut ordonné à la pluralité des suffrages, que le Chapitre iroit témoigner à M. l'Evesque d'Alet le déplaisir qu'il avoit qu'on se fust servy de son nom pour un si mauvais effet, & sur une fausse deliberation: ce qui fut executé. Et en mesme temps pour ôter toute occasion à ceux qui prenoient le pretexte de ces ordonnances de troubler tout dans le diocese, il fut resolu à la pluralité des voix qu'on les consulteroit, & que si le conseil y trouvoit quelque chose contre le droit du Chapitre, on supplieroit M. d'Alet de les vouloir changer ou modifier. Ce qui luy ayant esté rapporté, il témoigna qu'il approuvoit cette conduite des Chanoines, & qu'il estoit disposé de modifier ou reformer ses ordonnances, s'il estoit jugé qu'il eust passé son pouvoir, ou entrepris quelque chose contre les droits legitimes du Chapitre.

Si M. le Doyen n'avoit eu pour but que de maintenir les droits de sa compagnie contre les ordonnances qu'il y eût jugé prejudiciables, cette ouverture luy donnoit tout ce qu'il pouvoit desirer. Mais ce n'est pas ce qu'il cherchoit, & il n'y avoit rien de plus contraire à ses veritables desseins. On eût par là conservé la paix, & il ne vouloit que le trouble. On eût gardé le respect que l'on devoit à un Prelat, qui ne se sert de son autorité que pour le bien de l'Eglise, & il ne pensoit qu'a décrier sa conduite. Les gentilshommes syndiquez & les Reguliers revoltez n'auroient tiré aucun avantage de ce commencement de division qui auroit aussytôt été appaisé, & l'engagement où il s'étoit mis avec eux l'obligeoit de l'entretenir & de la pousser le plus avant qu'il pourroit. Le conseil étoit pris de plaider & de chicaner. La proposition d'une voye si raisonnable, & qui paroissoit même si peu avantageuse à l'honneur de M. d'Alet, puisqu'on mettoit en compromis l'equité de ses ordonnances, ne fut pas capable de l'en détourner.

Il prit des lettres d'appel au metropolitain de Narbonne, & il les fit intimer avec des emportemens qui firent bien connoistre que ce n'étoit pas le zele de la justice qui le faisoit agir. Car ce fut avec des menaces de tout renverser, & qu'on se repentiroit de s'être attaqué à luy.

Cependant cõme il est indubitable que selon les canons & les ordonnances du royaume, les ordonnances de visite doivent être executées nonobstant & sans prejudice de l'appel, le Promoteur d'Alet presenta requeste au juge metropolitain, pour le faire ainsi declarer, ce qu'il fit au pied de la requeste le 29. du mois d'Aoust 1663.

Cet appointement ayant été signifié à M.rs de l'Estang & Rives, ils en interjetterent appel à Rome, & leverent des lettres de *Quadrimestre* qui furent enregiſtrées ſous le nom de M. le Doyen ſeul le 29. Octobre 1663. le Chapitre s'eſtant oppoſé à ce qu'elles fuſſent enregiſtrées ſous le nom de M. Rives comme ſyndic. Et s'eſtant enſuite pourveus à Rome, ils en ont rapporté un bref appellatoire du 22. Ianvier 1664. addreſſé à MM. les Eveſques d'Alby, de Vabres, & de S. Papoul, ou à leurs Officiaux, où il eſt dit, que cet appel eſt *à ſententia definitiva, ſive decreto definitiuo, per dilectũ filium judicẽ Metropolitanum Narbonenſem latâ ſeu lato; quâ vel quo confirmata fuerunt decreta, & ordinationes venerabilis fratris Epiſcopi Electenſis, capitulo dictæ Eccleſiæ præjudicialia.* Ce qui fait voir la nullité de ce bref, parceque le metropolitain n'ayant donné ny decret ny ſentence definitive pour confirmer les ordonnances, mais ſeulement un appointement proviſionel, & de ſtyle, c'eſt comme s'ils n'avoient rien obtenu. Mais parce qu'à Rome, conformément au Concile de Trente, & ſuivant le Concordat, on ne donne des brefs appellatoires qu'*à ſententia definitiva, vel vim definitivæ habente, vel à gravamine irreparabili*, cet appointement n'eſtant pas de cette qualité, ils avoient eſté reduits à expoſer faux pour obtenir un bref tel qu'il fuſt, lequel ils preſenterent à M. l'Eveſque d'Alby; & ils ont tâché depuis de l'étendre à une autre inſtance toutafait differente de cellecy, comme on verra dans la ſuite.

C'eſtoit trop peu à M. le Doyen d'avoir ſuſcité à ſon Prelat ce procés des ordonnances de viſite, il luy avoit iuſqu'alors trop mal reüſſy pour en eſtre ſatisfait. C'eſtpourquoy il prit reſolution de le troubler en pluſieurs autres manieres, & de luy faire ſentir autant qu'il pourroit les effets de ſon mécontentement. Dans cette penſée il fit fabriquer une information contre le chef de la juſtice qui s'appelle *le Viguier* en ces quartiers là, comme il a déja eſté dit, & fit oüir pour témoins ſes deux domeſtiques, qui l'accuſerent de l'avoir obligé de ſortir de la maiſon Epiſcopale *le baſton en main & l'eſpée au coſté,* qui ſont des marques de ſa charge, au lieu que dans la verité c'eſtoit M. le Doyen qui eſtoit venu inſulter à la juſtice, comme on l'a fait voir. Sur cette information, par le credit de ſes parens qui ſont au delà du nombre de l'ordonnance, & des principaux officiers du parlement de Toulouſe aigris contre M. d'Alet, il obtint en ce parlement arreſt de priſe de corps contre le *Viguier*, au prejudice de l'evocation qui commettoit les cauſes de M. d'Alet & de ſes officiers au parlement de Grenoble. Et pour témoigner ſa püiſſance, & entretenir ſon party dans la rebellion, n'ayant pu faire ſaiſir le *Viguier*, il fit publier cet arreſt à ſon de trompe dans la ville d'Alet, & à la porte de l'eveſché. Pour ſe délivrer de cette vexation il a fallu recourir au Conſeil, où enfin apres beaucoup de peines & de dépenſe l'affaire a eſté renvoyée à Grenoble, où elle eſt pendante.

Ce ne fut pas encore aſſez, M. le Doyen avoit nouvellement acheté une maiſon canoniale, ſituée ſur le bord de la riviere d'Aude, &

contigüe à l'evefché. Il pretendoit qu'en vertu de cette acquifition une partie du jardin de l'evefché luy appartenoit, auffy bien qu'une certaine grotte qui fe trouvoit alors toute ruinée, & que celuy qui avoit bafty la maifõ avoit faite fur le fond de l'evefché par tolerãce de feu M. l'Evefque d'Alet, dont il eftoit Vicaire General & Official. Comme il voulut la remettre, M. d'Alet luy fit dire qu'elle eftoit de l'evef-ché, & qu'aucas qu'ils n'en puffent convenir enfemble amiablement, il feroit bien aife de faire vuider ce different par des arbitres. Ce que M. le Doyen refufa, & nonobftant les defenfes qui luy furent faites par autorité de juftice de remettre cette grotte, fans attendre que l'inftance qui eft pendante à Grenoble fut vuidée, il l'a baftie, & s'en eft mis en poffeffion, comme il euft pu faire s'il avoit eu un arreft en fa faveur.

C'eft fa maniere ordinaire d'agir. Il croit eftre au deffus de toutes les loix, & pretend devoir tout emporter par des voyes de fait & de violence. C'eft ce qu'il fit encore au mefme temps en deux ou trois affaires. Il s'imagina qu'il avoit droit de mettre une naffe dans la riuiere vis à vis de fa maifon, & il l'executa auffytoft. Mais les officiers de M. d'Alet l'ayant fait abbatre, parceque cet endroit de la riviere eft refervé à l'Evefque par les ordonnances de police, comme eftant Seigneur de la ville & de tout le territoire, M. le Doyen s'en plaignit en mefme temps à trois tribunaux differens, au parlement de Touloufe, aux Requeftes, & au Maiftre des eaux & forefts, où il fit affigner M. l'Evefque d'Alet ; & comme s'il euft eu arreft ou iugement en fa faveur, il fit remettre cette naffe, prevenant par ce moyen l'arreft le plus fauorable qu'il euft pu avoir en fin de caufe.

De plus, proche la maifon qu'il avoit acquife il y a trois mafures, dont l'une eft inconteftablement de l'evefché par la bulle du partage fait entre l'Evefque & le Chapitre l'an 1321. & on pretend que les deux autres font au Doyen & au Precenteur par convention du Chapitre, à ce que l'on dit, fans neanmoins que cela fe juftifie par aucun acte. Et comme on ne pouvoit pas bien demeurer d'accord quelle eftoit celle de l'evefché, & quelle celle du Doyen, il fut propofé de remettre ce different à deux architectes. Mais fans attendre cette decifion M. le Doyen s'empara non feulement de celle qu'il difoit eftre à luy, mais auffy de celle que luy mefme affuroit eftre celle de l'Evefque. Il y fit baftir, & les fit fermer à clef fous une mefme porte, nonobftant toutes les defenfes qu'on luy en put faire, & l'inftance que luy mefme en avoit intentée, & il les poffede encore.

Il pretendit auffy qu'il devoit avoir une clef d'une des portes de la ville nommée la portelle. Et fur ce que M. l'Evefque d'Alet qui eft feigneur de la ville, l'avoit fait fermer, parce quelle eftoit occafion de la prophanation du cemetiere, il intenta un procés aux Requeftes & au parlement ; & ainfi en voila 5. ou 6. qu'il intenta en mefme temps, fçavoir au commencement de Septembre 1663. & il fe trouva mefme qu'en vn feul iour il donna fept affignations differentes.

Mais comme il ne pouvoit foutenir tous ces procés fans le **Chapi**tre dont le nom luy eftoit neceffaire, & qu'il en avoit efté defavoüé ; & M. Rives, du nom duquel comme fyndic il s'eftoit fervi pour les intenter, ayant efté deftitué de la qualité de fyndic par la pluralité des voix, il penfa qu'il vaincroit cet obftacle en formant un procés criminel au parlement de Touloufe contre les Chanoines qui ne fecondoient pas aveuglement toutes fes entreprifes, parcequ'il eftoit affuré d'y trouver tout fupport, tant par le grand nombre de fes parens, que par l'appuy des principaux officiers de cetteCour, paffionnez contre M. d'Alet à caufe de l'affaire de Pierre Aoftenc receueur des tailles du diocefe d'Alet, qui eftant beaufils du prefident Cironis, & neveu du fieur de Frefals Confeiller à la grand'chambre, dont on connoift affez le credit, a efté condamné à mort à la requefte du fyndic de la province de Languedoc, enfuite de la plainte que M. d'Alet avoit faite aux Eftats deLanguedoc des concuffions, pilleries, & malverfations commifes par ledit Aoftenc en l'exercice de fa charge.

Mais comment faire un procés au parlement de Touloufe contre des Ecclefiaftiques fur des caufes perfonnelles, & en des matieres purement ecclefiaftiques, fans qu'il y euft aucun jugement rendu par l'Eglife dont on puft appeller comme d'abus ; puifque les canons excommunient ceux qui l'entreprennent, & que les ordonnances du royaume defendent en termes exprés, *de fe pourvoir pour les caufes ecclefiaftiques devant des juges feculiers, & à eux d'en connoiftre, fi ce n'eft par appel comme d'abus feulement, & non en fimple demande par requefte.* Mais la paffion eft aveugle, & Dieu permit par un jufte jugement que celuy qui fouloit aux pieds en tant de manieres le refpect qu'il devoit à fon Evefque, s'engageaft luy mefme dans les cenfures de l'Eglife par un excés vifible & groffier.

Car il choifit pour le fujet de ce procés, qu'il vouloit faire à fes confreres afin de les chaffer du Chapitre, la caufe du monde la plus ecclefiaftique, & qu'on pouvoit moins transferer de plein droit à des juges feculiers, fans vouloir ofter à l'Eglife toute fa jurifdiction. Il s'alla imaginer que de ce que deux Chanoines demeuroient l'un à l'evefché, & l'autre au feminaire dont il eft directeur, ce luy eftoit une raifon pour leur faire ofter leur voix dans l'affaire des ordonnances deM. d'Alet; comme fi la demeure d'un Chanoine dans la maifon epifcopale, qui eft le lieu où ils devroient tous demeurer felon le veritable efprit de l'Eglife, pour ne faire qu'un corps côduit & gouuerné par fon veritable chef, eftoit une raifon de luy ofter le droit qu'il a de prendre part aux ordônances que l'Evefque fait pour le reglement de fonEglife, & d'y former des difficultez s'il y en a, ou de les embraffer avec une foumiffion refpectueufe, s'il n'y trouve rien que de faint & de loüable.

On ne vit jamais de pretention plus mal fondée. Mais quoyqu'il en foit on ne peut nier que s'il eftoit fi aveuglé que de la pourfuivre , ce ne duft eftre aumoins devant le tribunal de l'Eglife , comme eftant certainement une caufe perfonnelle entre Ecclefiaftiques, & dans une matiere purement ecclefiaftique. Cependant ne confiderant autre chofe finon qu'il n'y avoit que le parlement de Toulouze où il puft faire valoir une demande fi injufte, il l'y fit porter d'abord par M. Rives le fidele compagnon de fa revolte. Car M. le Doyen a reconnu par un acte pofterieur que c'eft luy qui a fait faire & prefenter cette requefte fous le nom de Me François Rives, pour faire chaffer du Chapitre non feulement Mrs Ragot & Hardy, qui y font feuls nommez; mais auffi fous le nom *d'adherans* à ces deux là , tous les autres capitulans, hors les trois qui s'eftoient liguez contre M. d'Alet, fcavoir le Doyen, Rives, & Fabre, dont l'un fcavoir ce dernier a quitté les deux autres, & s'eft reüny au corps du Chapitre. Deforte que M. le Doyen pretendoit que des juges feguliers de plein droit & fans appel comme d'abus oftaffent à deux Chanoines le droit d'opiner fur les ordonnances de leur Evefque , fans autre caufe finon qu'ils demeuroient dans la maifon epifcopale; & non feulemēt cela, mais qu'ils en privaffent encore tous les autres capitulans, qui n'eftoiēt pas auffy emportez que luy contre leur Evefque , comme les adherans de ces deux là. Et c'eft ce qu'il obtint du parlement de Toulouze par le credit de M. de l'Eftang fon pere ; deforte qu'il fit fignifier enfuite de cette requefte les deffenfes portées par ce parlement non feulement à Mrs Ragot & Hardy nommez dans la requefte , mais auffy à *Mrs d'Arfe, de Monfaucon , & de Pradines leurs adherans.*

On a voulu un peu colorer dans cette requefte le tranfport fi injurieux à l'Eglife de fa jurifdiction à des juges feculiers , en difant *que c'eftoit un reglement dont la Cour eftoit feule competante.* Mais c'eft au contraire le comble de l'outrage que l'on pouvoit faire à l'Eglife. Car c'eft dire nettement, que ny l'Evefque , ny le metropolitain, ny le Pape mefme , ne font pas *competans* pour juger fi des Chanoines ont , ou n'ont pas le droit d'opiner touchant les ordonnances de leur Evefque , acaufé feulement qu'ils demeurent dans la maifon epifcopale. Il n'y a que des laïques , fi on en croit M. le Doyen, qui foient juges *competans* de ce different : ce qui n'eft pas feulement un fimple attentat par voye de fait contre la jurifdiction de l'Eglife ; mais un dogme erroné , qui ofte à l'Eglife le droit de juger d'une matiere purement ecclefiaftique, pour l'attribuer aux feuls juges feculiers.

Mais outre le violement de la jurifdiction ecclefiaftique, qui eft le defaut capital de cette requefte , elle eft encore toute pleine de fauffetez. M. le Doyen fous le nom de M. Rives s'y plaint *que les deliberations capitulaires ne s'y font pas librement & canoniquement à la pluralité de voix & fuffrages des capitulans.* Et la liberté canonique qu'il vouloit introduire pour remedier à ce pretendu defordre, eftoit, que de neuf capitulans il y en euſt ſix d'exclus par les plus impertinentes raiſons qui ſe puiſſent jamais alleguer , & que tout ſe paſſaſt par le caprice de luy , & de deux autres , auſquels il auroit voulu reduire tout le Chapitre.

Il demande *l'execution des deliberations du 30. Avril , du 4. May , & du 9. Aouſt.* Et il eſt faux qu'il y ait eu en pas un de ces jours là des deliberations capitulaires & canoniques , & ſurtout celle du 30. Avril eſt manifeſtement ſuppoſée , comme on a fait voir cy-deſſus.

Il dit qu'on a *mendié une ſouſcription & ſignature de Mr Olivier d'Arſe detenu priſonnier dans les priſons epiſcopales d'Alet.* Ce qui eſt une maligne impoſture pour décrier une conduite tres chreſtienne & tres edifiante. Car il eſt faux que M. d'Arſe ait jamais eſté priſonnier à Alet , mais s'eſtant mis volontairement en penitence par une humilité fort loüable pour rectifier ſon entrée au canonicat, dont il s'eſtoit démis , & que M. l'Eveſque d'Alet luy avoit rendu ;. & n'aſſiſtant point à l'office en ſurpelis ny aux Chapitres , il s'eſtoit joint par un acte particulier aux autres Chanoines contre les entrepriſes de M. le Doyen, ſans que neanmoins on ait conté ſa voix tant qu'il n'a pas aſſiſté aux Chapitres, ny qu'on y ait eu aucun egard pour conclure à la pluralité dans les aſſemblées capitulaires.

Il dit , *que le Treſorier & le Secretaire eſtoient toutafait à la devotion de Mrs Ragot & Hardy* ; & il ſe ſert de ce faux pretexte pour couvrir la ſuppoſition & la nullité de certaines pretendues deliberations qui ne furent jamais , en ſe plaignant que le Secretaire ne les a pas voulu expedier. Et cependant c'eſt une ſi fauſſe ſuppoſition que ce Secretaire & ce Treſorier luy fuſſent ſuſpects, pour eſtre trop attachez à Mrs Ragot & Hardy , que le Chapitre les ayant oſté de charge , M. le Doyen & ſes adherans trois jours ſeulement aprés cette requeſte en preſenterent une autre au parlement de Toulouze pour les y faire maintenir ; & c'eſt un des articles du procés, pretendant que le Chapitre ne les a pû depoſer.

Il demande , *que les mandemens tirez par le ſyndic* , qui eſtoit alors M. Rives ſon bon amy , *ſoient acquitez* , & cela pour ruiner le Chapitre , & ſe ſervir de ſon bien pour l'opprimer; & il allegue, *que c'eſt l coutume du Chapitre* , ce qui eſt une fauſſeté inexcuſable , ſçachant fortbien, comme on l'a juſtifié par trois actes produits au procés , que la coutume du Chapitre eſt que le Treſorier ne peut acquiter les mandemens qu'ils ne ſoient ſignez de 5. Chanoines, comme il eſt porté par le contract qu'on fait avec luy, de ſorte qu'il en euſt eſté reſponſable s'il euſt conſenti aux nouvelles entrepriſes de M. le Doyen.

Enfin il ſe plaint , & c'eſt le principal ſujet de la requeſte , *que Mrs Ragot , Hardy , & leurs adherans ne ſe ſont pas abſtenus d'opiner aux aſſemblées du Chapitre , où il s'agiſſoit de ſe pourvoir contre les ordonnances rendues par M. l'Eveſque d'Alet contre ledit Chapitre.* Mais on a déja fait voir qu'il eſt faux que ces ordonnances de M. d'Alet aient eſté rendues contre le Chapitre. Et de plus l'avis de ces Mrs ayant eſté que l'on feroit conſulter ces ordonnances , & que ſi le conſeil y trouvoit quelque choſe de contraire aux droits legitimes du Chapitre, on prieroit M. d'Alet de les reformer, ce que M. d'Alet avoit auſſy agreé, n'eſtoit-ce pas un viſible emportement , de trouver mauvais qu'ils euſſent opiné ſur ce ſujet en une maniere qui eſtoit ſi peu avantageuſe à M. d'Alet, que M le Doyen luy meſme s'y eſtoit oppoſé au commencement , comme n'eſtant pas aſſez reſpectueuſe envers ce Prelat.

L'ordonnance que contre toute juſtice M. le Doyen obtint ſur cette requeſte au parlement de Toulouſe par le credit de ſes parens le 22. Septembre 1663. ayant eſté ſignifiée le 26. non ſeulement à Mrs. Ragot & Hardy, qui y ſont ſeuls nommez ; mais auſſy aux autres capitulans qu'il vouloit exclure, au premier Chapitre qui ſe tint enſuite il les en voulut faire ſortir, afin que ne reſtant plus que les deux qui s'eſtoiĕt liguez avec luy pour le rĕdre maiſtre du Chapitre, il y dominaſt ſans reſiſtence , & puſt faire conſumer en procés contre M. l'Eveſque d'Alet la plus grande partie du revenu du Chapitre. Mais ces Meſſieurs n'ayant pu ſe reſoudre à une choſe ſi injuſte, & voulant au moins avoir conſeil pour deliberer ce qu'ils avoient à faire, c'en fut aſſez à M. le Doyen pour continuer à outrager l'Egliſe, en tranſportant ſa juriſdiction à des ſeculiers d'une maniere encore plus odieuſe , qu'il n'avoit fait la premiere fois. Car comme ſi le delay que ces Meſſieurs s'eſtoient procuré en ne voulant pas deliberer le meſme jour , euſt eſté un cas privilegié, tel qu'auroit pu eſtre un aſſaſſinat qui leur euſt fait perdre le privilege de leur caractere , il leur en fit un procés criminel au parlement de Toulouſe ſur un procés verbal qu'il dreſſa, où il les accuſoit comme il avoit déja fait par la requeſte precedente, *de s'eſtre cabalez & monopolez pour s'ingerer à connoiſtre des affaires concernant les differens*, qu'il preſuppoſoit fauſſemĕt eſtre *entre M. l'Eveſque & le Chapitre, quoyque ſuſpects & recuſez* ; & il demandoit ſur cela *qu'on decretaſt contr'eux un ajournement perſonnel* , comme contre des criminels. Mais nonobſtant tout ſon credit ce procedé fut trouvé ſi extraordinaire , & cette demande ſi viſiblement injuſte, que le parlement la rejetta, & renvoya ſeulement par ſon arreſt du 6. Octobre les parties en jugement, où Meſſieurs le Doyen & Rives les firent aſſigner.

Ce procedé des ſieurs de l'Eſtang & Rives eſtant venu à la connoiſſence du Promoteur d'Alet, il crut qu'il trahiroit ſon miniſtere s'il ne maintenoit en cette rencontre la juriſdiction eccleſiaſtique, foulée aux pieds par ces deux perſonnes, contre la diſpoſition des canons renouvellez par le dernier concile provincial de Narbonne au chap. 42. & par la 32. ordonnance ſynodale du dioceſe d'Alet, qui defendent de recourir aux juges ſeculiers pour des cauſes purement eccleſiaſtiques, ou perſonnelles entre les Eccleſiaſtiques , à peine d'excommunication *ipſo faĉto*;& contre les ordonnances du royaume, qui en interdiſent la connoiſſance aux juges ſeculiers, ſi ce n'eſt par appel comme d'abus ſeulement; mais non en ſimple demande par requeſte. C'eſt pourquoy après avoir veu que les avertiſſemens qu'on leur avoit donnez eſtoient inutiles, & qu'ils vouloient perſeuerer dans leur mauvais eſtat, il les fit aſſigner devant la Cour eccleſiaſtique d'Alet, pour ſe venir voir declarez avoir encouru l'excommunication,& l'irregularité enſuite pour avoir celebré depuis.

Ils firent ce qu'ils purent par diverſes chicanes pour empécher qu'on ne rendiſt jugement ſur cette affaire, voyant bien que dans le fond leur cauſe eſtoit ſi mauvaiſe, que ſi elle ſe jugeoit il eſtoit impoſſible qu'ils ne fuſſent condamnez.

Ils propoſerent des recuſations perſonnelles contre le ſieurPellicier Lieutenant en l'officialité,qui avoit commencé d'en connoiſtre, ſçavoir qu'il plaidoit contre le Chapitre.Mais quoy qu'elles ne fuſſent pas propoſées en forme, & qu'il ne s'agiſt pas du Chapitre, mais de deux particuliers, neanmoins il les admit & s'abſtint,& ce fut l'Official luy meſme qui s'en chargea.

Ils en propoſerent auſſy de generales contre toute la Cour eccleſiaſtique d'Alet, pretendant qu'elle leur eſtoit ſuſpecte, parcequ'ils avoient appellé des ordonnances de M. l'Eveſque d'Alet. Mais le Promoteur fit voir que cette pretention eſtoit ridicule ; parceque cela ſuppoſé il n'y auroit qu'à ſe rendre appellant de l'ordonnance d'un Eveſque ; pour ſe ſouſtraire toutafait deſa juriſdiction, & de celle des officiers du diocеſe. Ce qui eſt manifeſtement contraire au droit canonique, qui a decidé en termes exprés *c.Romana Eccleſia. §. cum vero. de appellationibus, in ſexto,* que celuy qui a appellé de ſon Eveſque au Metropolitain touchant une affaire, ne laiſſe pas de demeurer ſoumis à la juriſdiction de ſon Eveſque pour toutes les autres affaires : *Cùm is qui ad Remenſem curiam ſuper aliquâ cauſâ vocem appellationis emitit, nihilominus in cauſis aliis ordinarÿ ſui juriſdictioni ſubjiciatur.* Et il la ruina encore par la ſignification qu'il leur fit d'un arreſt du parlement de Toulouſe au rapport de M. de Freſals, entre M. l'Eveſque d'Alet & Meſſieurs du Chapitre de S. Paul, qui plaidant actuellement contre M. d'Alet, avoient demandé un autre Official, pretendant que celuy d'Alet leur eſtoit ſuſpect.Mais ils furent deboutez de cette demande, & avec raiſon ; parceque par les canons l'Official eſt juge competant *in cauſa proprÿ Epiſcopi.*

Neanmoins les ſieurs de l'Eſtang & Rives ſur de ſi méchantes raiſons releverent appel à Narbonne, avant que la ſentence fuſt renduë par l'Official d'Alet, & la firent ſignifier, pretendant l'arreſter par là.

Mais le Promoteur leur ſoutint que cet appel eſtoit nul & de nul effet, auſſy bien que les inhibitions faites en conſequence, par deux fondemens certains & indubitables.Le 1. qu'il eſtoit decerné & ſigné

par

par le sieur de Vilars, qui estoit incompetant , parceque M. l'Archevesque de Narbonne avoit revoqué sa commission & son pouvoir à l'egard des affaires où le Promoteur d'Alet avoit interest , acause du procés qu'ils avoient ensemble. Or par l'11. article du reglement des cours ecclesiastiques de Narbonne les lettres d'appel sont nulles & de nul effet , & tout ce qui s'en ensuit , si elles ne sont signées par le juge ou son lieutenant : d'ou il conclut que le sieur de Vilars n'estant point jugée competant au regard du Promoteur d'Alet , les lettres d'appel qu'il avoit signées estoient nulles & de nulle valeur.

Le 2. fondement estoit , que quand mesme le sieur de Vilars eust esté competant , & qu'ainsi les lettres d'appel eussent esté valables , ce qui n'estoit pas, l'appel neanmoins n'auroit eu aucun effet suspensif, mais seulement devolutif, s'agissant de la discipline , & du point le plus essentielde la discipline.

Ainsi tout ce que les sieurs de l'Estang & Rives avoient pu alleguer pour empecher l'Official d'Alet de prononcer sur la requisition du Promoteur , ayant esté jugé toutafait déraisonnable , il intervint sentence du 9. Novembre 1663. qui les declara excommuniez & irreguliers.

Ces Messieurs avoient si peu cru jusques alors , que cette instance fust une dependence de celle des ordonnances de visite , comme ils l'ont pretendu depuis sans raison , que dans tout ce procés ils n'en dirent pas un seul mot. Au contraire cette sentence leur ayant esté signifiée , ils en releverent appel comme d'abus à Toulouze le 21. dudit mois de Novembre, & ils y firent assigner le Promoteur , quoyqu'ils sceussent bien que par un arrest du Conseil du Roy il estoit defendu au parlement de Toulouze de connoistre des causes de M. d'Alet & de ses Officiers , & qu'elles estoient toutes evoquées au parlement de Grenoble. Mais cela n'empescha pas que par un attentat à l'autorité du Roy ils n'en obtinssent le mesme jour 29. Novembre un arrest sur requeste, qui les renvoyoit devant M. l'Evesque d'Alet pour leur estre pourveu d'absolution *ad cautelam* , & à son refus pardevant tel autre Evesque du ressort , ou leur Vicaire General que bon leur sembleroit.

En vertu de cet arrest , quoyque nul par incompetence à cause de l'evocation, Mrs le Doyen & Rives se presenterent àM. l'Evesque d'Alet avec un Notaire & deux témoins , pour le requerir de leur departir cette absolution. Ce Prelat leur répondit, qu'ils devoient se pourvoir par requeste pour demander ladite absolution. A quoy M. le Doyen ayant reparti, *que ce n'estoitpas son conseil,& qu'il prenoit cette réponse pour refus,* M.d'Alet leur repliqua qu'il ne les refusoit point,mais qu'ils devoient se pourvoir en forme:ce que M^{rs} de l'Estang & Rives n'ayant point voulu faire, ils se retirerent pardevers un des Vicaires Generaux de l'Archevesché de Touloule le siege vacant, lequel par attentat & fans pouvoir leur departit ladite abfolution *ad cautelam* le 14. Decembre 1663.

Cette pretendüe abfolution eftoit notoirement nulle, & ne pouvoit furtout rétablir dans leurs fonctions ceux qui l'avoient obtenüe, 1. parce que M. d'Alet n'ayant pas refufé de la leur départir, ils n'avoient pas pu fe retirer ailleurs, non pas mefme à Narbonne, le Metropolitain ne pouvant connoiftre qu'apres l'appel. 2. Que quand mefme M. d'Alet leur auroit refufé cette abfolution, ils n'auroient pas deu fe retirer à Touloufe, qui eft d'une autre province ecclefiaftique, qui n'a aucune autorité fur la fuffragance de Narbonne. 3. Que quand mefme cette abfolution feroit legitime, ce qui n'eftoit pas, tout fon effet n'euft efté que de rendre les fieurs de l'Eftang & Rives habiles à converfer, & à pourfuivre leur appel en juftice, parceque felon les canons les excommuniez *non habent vocem.* 4. Et enfin que quelque étendüe qu'on vouluft donner à cette abfolution contre les canons, elle ne les pouvoit jamais rendre habiles à faire leurs fonctions, puifque la même fentence qui les declare excommuniez, les declare auffy irreguliers. Or l'irregularité demande une difpenfe particuliere,

Mais quoyque par toutes ces raifons cette abfolution fuft nulle, & qu'elle ne puft rétablir les Srs de l'Eftang & Rives dans les fonctions de leurs ordres, neantmoins comme ils ne gardent aucune mefure, & qu'ils foulent aux pieds les regles les plus faintes de l'Eglife, ils fe vanterent qu'ils iroient troubler l'office de l'Eglife Cathedrale le jour de Noël, & les feftes fuivantes; & pour affurer leurs pretentions par quelque chofe de pofitif, ils celebrerent la fainte Meffe.

C'eft ce qui donna lieu à M. l'Evefque d'Alet de faire une ordonnance le 24. Decembre, en eftant requis par fon Promoteur; par laquelle *il leur faifoit defenfes fous peine d'une autre excommunication* ipfo facto *de fe fervir de ladite abfolution par eux obtenüe d'un des Vicaires Generaux de l'Archevéché de Touloufe., comme eftant nulle & invalide, & aux Chanoines de l'Eglife Cathedrale de les admettre aux divins offices, ny de les celebrer en leur prefence; comme auffy à tous Preftres feculiers ou reguliers fous les peines de droit, & à tout le peuple du diocefe de converfer avec eux; & que fi au mépris des cenfures & de cette ordonnance, il eftoit rien attenté par lefdits de l'Eftang & Rives, il enjoignoit au Promoteur de faireproceder contre eux par la rigueur des canons, pour reprimer leur contumace, & prevenir le trouble qu'ils pourroient caufer au divin fervice.*

M. l'Evefque d'Alet n'eftoit point avant cela entré dans cette affaire. Car la fentence de l'Official qui declaroit M. le Doyen & cet autre Chanoine excommuniez & irreguliers, avoit efté rendüe en fon abfence & fans qu'il y prift aucune part. Mais fans juger du fond de cette excommunication, & laiffant à ceux qui s'en plaignoient les voyes legitimes de droit, pour s'en faire relever s'ils euffent efté bien fondez dans leurs plaintes , il crut avec raifon qu'il devoit s'oppofer à l'abus qu'ils vouloient faire d'une abfolution *ad cautelam*, nulle en toutes manieres , qui alloit à enerver toute la difcipline de l'Eglife , & à rendre toutes fes cenfures illufoires.

Cette ordonnance empécha bien que Mrs le Doyen & Rives ne vinffent troubler le fervice de l'Eglife Cathedrale le jour de Noël , parce qu'ils en apprehenderent les fuites. Mais n'y ayant pas deferé pour cela , & ayant au contraire continué de dire prefque tous les jours la Meffe , foit à Limoux , foit alleurs , ce mépris fi fcandaleux de l'autorité ecclefiaftique obligea le Promoteur pour le reprimer , d'en faire informer, & fur l'information faite & rapportée ayant efté decreté ajournement perfonnel par M. l'Official d'Alet contre lefdits Srs de l'Eftang & Rives, il le leur fit intimer le 14. Fevrier de l'année 1664. & en mefme temps des provifions du parlement de Grenoble en caffation de ce qui avoit efté fait à Touloufe par incompetence , & au prejudice de l'évocation.

Cette intimation leur fit changer de conduite. Ils fe pourveurent à Narbonne , y releverent appel de l'ordonnance de M. d'Alet du 24. Decembre, & du decret qui s'en eftoit enfuivi ; & en mefme temps prefenterent requefte pour avoir l'abfolution *ad cautelam* non feulement de l'excommunication declarée par la fentence de l'Official du 9. Novembre 1663. mais auffy de celle de M. d'Alet du 24. Decembre qui n'eftoit que comminatoire.

Cette conduite bizarre & qui fe contredifoit , furprit tous ceux qui en eurent connoiffance. Car d'une part en relevant leur appel devant le juge Metropolitain de l'ordonnance du 24. Decembre , qui n'eftoit qu'une fuite & une dependence de la fentence qui les avoit declarez excommuniez , ils temoignoient regret de leur appel comme d'abus , duquel ils fe defiftoient tacitement. Et de l'autre il paroiffoit qu'ils vouloient en mefme temps foutenir l'abfolution *ad cautelam*, qu'ils avoient obtenüe du Vicaire General de Touloufe; puifque cette ordonnance n'avoit autre but que de la caffer & de l'annuller , ou plutoft de la declarer nulle , comme elle l'eftoit notoirement : mais demandant en mefme temps une autre abfolution *ad cautelam*, c'eftoit faire connoiftre qu'ils eftoient convaincus de la nullité de celle qu'ils avoient obtenüe à Touloufe.

En confequence de cette requefte ils firent affigner le Promoteur d'Alet à Narbonne , & obtinrent en mefme temps cette nouvelle abfolution *ad cautelam*. Mais ils pretendirent fans raifon qu'elle les retabliffoit dans leurs fonctions , qu'ils vinrent exercer effectivement à Alet au fcandale de toute l'Eglife Cathedrale. Cet incident obligea le Promoteur d'aller à Narbonne , & de prefenter une requefte au juge Metropolitain en explication de cette abfolution qu'il avoit donnée aux fieurs de l'Eftang & Rives, & ce juge rendit fon ordonnance le 20.

du mois de Fevrier 1664. par laquelle il renvoya les parties en jugemēt
ſur le fond, & expliquant l'abſolution *ad cautelam* qu'il avoit donnée,
il fit inhibitions & defenſes auſdits ſieurs de l'Eſtang & Rives de celebrer la ſainte Meſſe, ny faire aucune fonction eccleſiaſtique ſur les peines de droit, qu'autrement par luy n'en euſt eſté ordonné : qu'il ſeroit informé des contraventions par le premier Preſtre gradué requis;
& cependant permit à l'Official d'Alet de proceder à l'inſtruction de
l'incident criminel, juſqu'à ſentence definitiue excluſiuement, & ſans
prejudice de l'appel.

Cette ordonnance ayant eſté ſignifiée à Mrs le Doyen & Rives, ils
ſe pourveurent de nouveau au Metropolitain pour la faire rapporter.
Mais comme elle eſtoit dans l'ordre, ils furent renvoyez en jugement,
où ils firent aſſigner le Promoteur d'Alet. Il ſe tranſporta à Narbonne;
mais lors que le temps dés aſſignations fut écheu, & qu'il s'attendoit
que ces Meſſieurs feroient plaider leur appel, il fut fort ſurpris de voir
que ſe défiant de leur cauſe, & n'ayant aucune eſperance d'y reüſſir,
ils firent faire des defenſes au juge Metropolitain d'en connoiſtre le
13. Mars 1664. par un nouvel appel comme d'abus adreſſé au parlement de Grenoble, qu'ils firent ſignifier audit Promoteur le lendemain 14. Mars ; ce qui fit ceſſer toutes les pourſuites devant le Metropolitain.

Ces tours & ces détours de chicane, qui ne peuvent proceder que
d'une conduite fort irreguliere, font bien voir la qualité de leur eſprit, & qu'ils n'agiſſent que par les mouvemens d'une paſſion aueugle.
Et neanmoins ils n'en demeurerent pas encore là, & l'eſperance qu'on
avoit eüe que ce nouvel appel comme d'abus, quoyque tres-mal fondé, pourroit donner quelque fin à cette affaire, par l'établiſſement
d'un tribunal où elle pourroit eſtre traittée à fond, ne fut pas de longue durée. Car le Promoteur ne fut pas pluſtoſt de retour à Alet, que
le 18. dudit mois de Mars au matin (c'eſt à dire quatre jours ſeulement
depuis que ces deux Meſſieurs l'avoient fait aſſigner au parlement de
Grenoble) ils le firent aſſigner pardevant M. l'Eveſque d'Alby, ſans
que les lettres en vertu deſquelles il fut aſſigné, marquaſſent dequoy
il s'agiſſoit, ny qu'elles fiſſent mention de la datte du Bref delegatoire,
comme il eſt de l'ordre & du ſtile inuiolablement obſervé. Neanmoins dans l'incertitude où eſtoit le Promoteur dequoy pouvoit eſtre
le reſcrit addreſſé à M. l'Eveſque d'Alby, il comprit qu'ils s'en vouloient ſervir pour cette affaire, puiſqu'ils avoient pris de luy une abſolution *ad cautelam*.

Mais la ſurpriſe dont ils avoient vſé pour obtenir cette abſolution,
eſtoit bien facile à découvrir. Car elle eſtoit qualifiée non ſeulement
de la ſentence de l'Official d'Alet, mais auſſi de l'ordonnance de M.
l'Eveſque, qui ne faiſoit que menacer d'excommunication; & de celle
du juge Metropolitain, qui n'a jamais eu penſée que l'on ſçache, de

decerner aucune cenfure contre les fieurs de l'Eftang & Rives ; ce qui faifoit affez voir qu'ils avoient eux mefmes dreffé cette abfolution comme il leur avoit plu, & que M. l'Evefque d'Alby les en avoit crus fur leur parole, fans fçavoir dequoy il eftoit queftion, ce qui paroiftra encore mieux par la fuite.

Le Promoteur avoit toute l'evidence qu'on fçauroit avoir que M. d'Alby ne pouvoit eftre juge de la feconde inftance de declaration d'excommunication, & de ce qui s'en eftoit enfuivy, 1. parce que les fieurs de l'Eftang & Rives n'avoient pu avoir le temps de recourir à Rome depuis l'appel qu'ils avoient relevé au Metropolitain, qui n'étoit que du 16. Fevrier. 2. parcequ'ils avoient faifi le parlement de Touloufe, & puis celuy de Grenoble de cette inftance par les appeltions comme d'abus qu'ils y avoient relevées; & ainfi quand mefme le Bref euft efté pour ce fujet, M. d'Alby ne pouvoit proceder, fuivant la maxime receuë en France, que l'appel comme d'abus arrefte & anneantit la jurifdiction des autres tribunaux.

Le Promoteur ayant figné fa réponfe à l'intimation qui luy fut faite des lettres de M. d'Alby de la part des fieurs de l'Eftang & Rives, il trouva ce dernier fur le perron de l'Eglife Cathedrale en furpelis, & voyant qu'il s'en alloit à l'office, il luy protefta que fi au prejudice de cette réponfe ils alloient troubler le fervice de l'Eglife par leur prefence, il feroit executer le decret de prife de corps qu'il avoit obtenu contr'eux, faute d'avoir obeï à l'ajournement perfonnel, & à la main mife decernée enfuite.

Cette proteftation les arrefta le matin. Mais s'eftant fait accompagner par 15. hommes ou environ vers l'heure de Complies, que le Chapitre avoit commencées, ils entrerent au chœur, prirent leur place, & ayant refufé d'en fortir fur la requifition qui leur en fut faite de la part du Chapitre, on ceffa l'office commencé. Enfuite dequoy ayant perfifté dans le refus de vouloir fortir, le Chapitre en corps fortit de l'Eglife, & fut contraint par l'opiniaftreté de ces deux excommuniez d'aller chanter Complies dans la chapelle de l'evefché, & les fieurs de l'Eftang & Rives, avec M.e Antoine Maulaur Precenteur, qui a depuis demandé pardon de cette faute, chanterent Complies dans l'Eglife Cathedrale, au grand fcandale des habitans d'Alet, qui s'eftoient affemblez en divers endroits pour voir à quoy aboutiroit ce vacarme fi extraordinaire.

Cette entreprife de Mrs de l'Eftang & Rives fi injurieufe à l'Eglife, & la refolution où ils avoient témoigné d'eftre, de continuer d'aller à l'Office, fit refoudre le Promoteur de fe faifir d'eux en confequence du decret de prife de corps, dont il les auoit avertis qu'il feroit obligé de fe feruir ; parce qu'en l'abfence de M. d'Alet qui prefchoit à S. Paul pendant ce Carefme là, & qui de plus eftoit allé pour une affaire importante à l'extremité de fon diocefe vers le Rouffillon, il ne voyoit

point d'autre voye pour empefcher que l'Eglife Cathedrale ne de-
meuraft fans office le lendemain, qui eftoit le jour de S. Iofeph , & le
jour de S. Benoift patron de cette Eglife, qui eſtoit trois iours aprés.

Mais fi ce deffein eftoit jufte, l'execution en paroiffoit impoffible
par le foin qu'ils avoient pris d'oppofer la force à la juftice , en fe faifant fi bien efcorter. Et en effet quelqne volonté que l on euft d'arrefter leurs infultes, comme on eftoit fort éloigné de vouloir vfer de
force pour repouffer tant de gens , il les euft fallu fouffrir. Mais Dieu
aveuglant M. le Doyen pour fon propre bien s'il l'avoit fceu recõnoi-
ftre, permit qu'ayant laiffé fon efcorte dans l'Eglife , & s'eftant ap-
proché feul de la maifon epifcopale , il rendit luy mefme fa prife facile. Car un feul clerc du feminaire l'ayant faifi, le cõduifit fans violence & fans fcandale , non dans les prifons de la cour ecclefiaftique, mais
dans une des chambres de l'evefché , afin qu'il y fuft moins incommo-
dé. Et le lendemain matin M. l'Official d'Alet l'eftant allé trouver pour
l'interroger, il refufa de répondre & de prefter ferment, comme il a
toujours fait depuis, quoy qu'il ne foit ny exempt ny privilegié: ce qui
feul a fait durer fa prifon pendant trois mois , parce qu'on l'auroit
élargi s'il avoit répondu comme il y eftoit obligé, avec quelques proteftations qu'il euft voulu faire. De forte qu'il ne s'en doit prendre
qu'à luy mefme & de ce qu'il a efté arrefté, & de ce qu'il eft demeuré
prifõnier pendant quelque temps. Car il s'eft attiré le premier par fon
inflexible refolution à vouloir troubler le fervice de l'Eglife , contre
les proteftations qu'on luy avoit faites de fe fervir de la voye de la juftice pour empefcher ce fcandale; & il s'eft auffy volontairement procuré le dernier, en s'opiniaftrant fans raifon à ne vouloir pas recon-
noiftre fon juge, contre lequel , s'il avoit fujet de s'en plaindre , il
avoit la voye d'appel, & cependant on l'auroit mis en liberté.

Quoy que cet emprifonnement euft efté fait dans les formes , &
que par les loix & par les ordõnances du royaume les decrets de prife
de corps ne foient pas fufpendus par les appellations quelles qu'elles
foient, neanmoins on ne laiffa pas de qualifier cette prife d'attentat,
& de s'en fervir pour rendre odieufe la conduite de M. l'Evefque d'A-
let, par la plus grande de toutes les iniuftices , puifqu'il n'y a eu aucune part, n'eftant pas à Alet, comme il a déja efté dit , lors qu'on
fut contraint de prendre cette refolution fur le champ , pour empecher le fcandale du lendemain, qui eftoit le jour de S. Iofeph; & ayant
fouvent declaré , *que comme cette detention de M. le Doyen, non plus que*
la fentence par laquelle luy & le fieur Rives ont efté declarez excommuniez,
n'avoient efté faites ny par fon ordre, ny par fon commandement, ny de fon
fceu, il eftoit preft de s'en remettre à des Evefques, à des Docteurs, & à des
Advocats, pour voir & juger s'il avoit efté mal procedé par les Officiers de
fa juftice ecclefiaftique ; & que s'ils avoient efté grevez , il leur feroit faire
toute la reparation & fatisfaction qu'ils pourroient fouhaiter.

Les parens de M. le Doyen porterent auffytoft leurs plaintes de fon emprifonnement à M. l'Evefque d'Alby , quoyque fa commiffion n'euft rien de commun avec ce fait là , & que le recours à ce Prelat fe fift au prejudice des appels comme d'abus relevez par eux , & des affignations en confequence il n'y avoit que 8. jours. Mais il leur fuf-fifoit que ce moyen quoyqu'illegitime leur euft paru propre pour troubler & pour vexer le Promoteur , par le fupport qui leur eftoit affuré auprés de M. d'Alby. Ils luy expoferent par plufieurs requeftes plufieurs faits calomnieux & tres faux touchant cet emprifonnement: ils demanderent qu'il en fuft informé ; & qu'il luy pluft ordonner que le Sr de l'Eftang feroit élargi. Ce que M. l'Evefque d'Alby ordonna auffytoft le 21. du mois de Mars fans aucun examen , ne s'eftant pas appliqué à cette affaire , & s'en eftant remis à quelques-uns de fes Officiers toutafait dévoüez aux interefts dudit S. de l'Eftang (comme le Promoteur luy a depuis fouvent reprefenté dans la follicitation de cette affaire , mais toujours affez inutilement) & il ajoûta , *qu'a cet effet les portes de la prifon feroient enfoncées.*

Avec cette ordonnance M. de l'Eftang pere du Doyen vint à Alet. Il y arriva le 26. Mars avec grand nombre de perfonnes , & quelques gentilshommes de ceux qui fe font liguez contre M. l'Evefque d'Alet, qui avoient affemblé quantité de gens armez pour enfoncer les portes de l'evefché , & fignaler par leurs excés le reffentiment qu'ils avoient contre leur Prelat.

Lors qu'il fut devant la porte de l'evefché , il fit intimer cette ordonnance par un certain Curé du diocefe de Cahors , celebre par les traverfes qu'il a données à M. l'Evefque de Cahors , foy difant commiffaire de M. l'Evefque d'Alby. Il fut répondu à cette ordonnance par M. Pellicier Vicaire General de M. l'Evefque d'Alet, *Qu'il offroit de fatisfaire à ladite ordonnance quand il luy apparoiftroit que Monfei-gneur l'Evefque d'Alby eft commiffaire delegué du Pape touchant les faits pour lefquels le fieur Doyen a efté emprifonné & eft detenu ; & protefta con-tre tout ce qui feroit fait & attenté au prejudice de ladite offre , declaration, & requifition.* Il n'y avoit rien de fi raifonnable que cette réponfe, puifque l'ordonnance mefme qu'on vouloit executer, portoit en termes exprés, Dieu l'ayant ainfi permis pour confondre ceux qui en vouloient abufer , que cet elargiffement ne fe devoit faire *qu'en cas que ledit fieur de l'Eftang feroit detenu pour les caufes & dependences de l'appel relevé au S. Siege ,* ce qui n'eftoit pas.

La fermeté que les Officiers de l'evefché témoignerent en cette occafion en l'abfence de M. d'Alet , furprit & arrefta M. de l'Eftang pere , & toute fa troupe. Et Dieu ayant jetté le trouble & la confufion dans leurs confeils , ils fe retirerent fans ofer rien entreprendre , aprés s'eftre tranfportez jufqu'a une lieüe de la ville de S. Paul , & avoir de là envoyé fignifier l'ordonnance de M. l'Evefque d'alby à M. l'Evefque d'Alet , quoyqu'elle ne le regardaſt pas , les choſes dont ils ſe plaignoient s'eſtant faites en ſon abſence , & à ſon inſceu.

Le Promoteur n'eſtoit pas à Alet lors qu'on tenta d'y executer cette ordonnance. Car tout cela ſe paſſa le 26. du mois de Mars , & il eſtoit à Alby dez le 24. ou ayant veu le Bref qualifié & reſtreint comme il a eſté marqué au commencement, il preſenta requeſte le 26. dudit mois de Mars à M. l'Eveſque d'Alby , par laquelle il luy remontra qu'on l'avoit evidemment ſurpris , & que ſa commiſſion ne regardoit en façon quelconque l'inſtance de l'excommunicatiõ , mais ſeulement celle des ordonnances de viſite. On luy deduiſit ſi au long & ſi nettement le fait, & la difference de ces deux inſtances , qu'on le mit en eſtat de ne pouvoir douter de ſon incompetence , qu'en ſe voulant aveugler ſoy meſme. On la juſtifia encore par tous les actes qui ſont produits au procés ſur ce ſujet.

On luy fit voir que ſon Bref n'eſtoit que ſur un appel interjetté d'un
» decret ou ſentence definitive du juge Metropolitain: que ce Bref eſtant
» datté du 22. Ianvier 1664. il ne pouvoit pas comprendre l'appel
» relevé au Metropolitain de l'excommunication, & de ce qui s'en eſtoit
» enſuiui le 16. Fevrier ſuivant , le Pape ne pouvant pas luy avoir de-
» legué la cõnoiſſance d'une inſtance & d'un appel qui n'eſtoit pas enco-
» re, ce qui ne pouvoit eſtre plus cõuaincant : Que leſdits ſieurs de l'E-
» ſtang & Rives avoient manifeſtement reconnu par cet appel relevé
» au Metropolitain plus d'un mois apres la datte de leur Bref, qu'il n'y
» avoit aucune liaiſon de l'appel dont eſtoit le Bref, avec celuy dont
» ils appelloient au Metropolitain : Deplus qu'ils n'auoient pas inter-
» jetté appel du Metropolitain à Rome ſur le fait de l'excommuni-
» cation , mais qu'ils luy avoient fait faire des defenſes d'en connoi-
» ſtre par un appel comme d'abus, ainſi qu'il a eſté dit : Et partant qu'il
» n'avoit pu valablement leur departir l'abſolution *ad. cautelam* , le
» Pape ne luy ayant donné aucun poüvoir ſur ce fait : Que la ſur-
» priſe eſtoit d'autant plus manifeſte, que l'abſolution qu'il avoit
» donnée eſtoit non ſeulement de la ſentence de l'Official d'Alet , mais
» encore des excommunications decernées par M. d'Alet, & par le
» juge Metropolitain qui n'en avoit fulminé aucune : Qu'il eſtoit clair
» que ce Bref avoit eſté obtenu ſur les lettres de quadrimeſtre enregiſ-
» trées au Senechal de Limoux le 29. Octobre , qui n'eſtoient qualifiées
» que d'un appointement du juge Metropolitain rendu le 29. d'Aouſt
» au pied d'une requeſte, qui ordonnoit proviſoiremẽt l'execution des
» ordonnances de viſite nonobſtant l'appel & ſans prejudice ; ce qui
» découvroit la nullité du Bref qui eſtoit *à ſententiâ definitivâ* , jamais le
» Metropolitain n'ayant donné aucune ſentence definitive entre les
» ſieurs de l'Eſtang & Rives , & le Promoteur : Que quand meſme tou-
» tes ces raiſons n'auroient point de lieu , y ayant pour cette affaire
» deux appels comme d'abus relevez par leſdits ſieurs de l'Eſtang &

Rives.

Rives, il n'en pouvoit connoiſtre. Concluoit donc le Promoteur à ce
qu'il pluſt audit Seigneur Eveſque d'Alby ſe declarer incompetant, &
ce faiſant retracter les ordonnances par luy données.

Sur cette requeſte M. d'Alby, qui juqu'alors avoit entretenu le Promoteur de mille belles eſperances, & qui meſme eſtoit demeuré d'accord qu'on l'avoit ſurpris, commença à trouver beaucoup de difficultez, où il n'y en avoit aucune ; & pour éluder la demande du Promoteur, que ſon conſeil voyoit ſi puiſſamment établie dans la juſtice,
aprés un appointement de *ſoit montré* au Promoteur d'Alby, & à l'avocat dudit de l'Eſtang, on fit que par une ſeconde ordonnance il renvoya la deciſion de cette competence en jugement.

Mais aprés avoir inſiſté ſi fortement ſur cette incompetence, & l'a-
voir prouvée par tant d'actes, il eſt certain ſuivant les regles de toute
la juriſprudence, que M. l'Eveſque d'Alby ne pouvoit rien ordonner,
que ces fins de non proceder ne fuſſent premierement vuidées, & qu'il
ne ſe fuſt declaré competant. Et neanmoins par un ſupport extraordinaire M. de l'Eſtang pere apres pluſieurs actes s'eſtant retiré d'A-
let, comme il a eſté dit, & eſtant venu à Alby, remit entre les mains
de ce Prelat les informatiõs qu'il avoit fait fabriquer contre le Promoteur, ſur leſquelles par la faveur de ſon conſeil abſolumēt devoüé à la
paſſion dudit ſieur de l'Eſtang & à ſes intereſts, il obtint decret de priſe de corps * *à trois jours de veüe* contre le Promoteur, & contre M.re
Georges Brun, clerc qui avoit fait la capture ; & d'ajournement per-
ſonnel contre M.es Guillaume de Pradines Archidiacre, François Hardy Theologal, Olivier d'Arſe ſieur de Belloc, & Creſcens Pech, Chanoines de l'Egliſe cathedrale, & contre M.e Simon Pellicier Archi-
preſtre d'Alet, & Vicaire General de M. l'Eveſque, ſans qu'on en puiſſe
deviner de cauſe, ſi ce n'eſt que ceux-là pour n'encourir pas les peines
des canons ceſſerent l'office, & ſe retirerent de l'Egliſe cathedrale, &
que celuy cy refuſa au pretendu commiſſaire de M. l'Eveſque d'Alby
de luy faire remettre les ſieurs de l'Eſtang & Rives, juſqu'à ce qu'on
euſt fait voir que le reſcrit luy donnoit pouvoir pour ce fait là, ainſy
qu'il eſt porté dans l'acte qu'il fit ſur ce ſujet audit commiſſaire.

On n'en demeura pas là, & l'injuſtice paſſa encore plus avant. Car le
meſme jour qui eſtoit le 1. d'Avril 1664. M. l'Eveſque d'Alby ſur une
autre requeſte que luy preſenta M. de l'Eſtang pere du Doyen, caſſa
l'empriſonnement fait de la perſonne dudit S.r Doyen, ſur ce fondement, *que le Promoteur avoit refuſé d'en bailler copie*, ce qui eſtoit manifeſtement contre la verité. Car ç'avoit eſté à Alet qu'on avoit demandé cette copie le 26. de Mars pour executer l'ordonnance d'elargiſſement ; & ainſy le Promoteur n'avoit garde de l'avoir refuſée,
puiſqu'alors il n'eſtoit pas à Alet, eſtant à Alby dez le 24. Et de plus
au meſme temps que M. l'Eveſque d'Alby formoit ſon ordonnance
ſur ce pretendu refus, il avoit ſur la table le decret de priſe de corps,

E

& le proceés verbal de la capture, que le Promoteur luy avoit remis depuis six jours, pour justifier son incompetence, aussy bien que l'acte du Vicaire General d'Alet. Cela paroist incroyable, qu'un Evesque fasse une ordonnance injurieuse à un homme d'honneur dans la supposition qu'il a refusé de montrer des pieces, lors qu'il a luy mesme ces pieces entre les mains, qui luy ont esté données par cette mesme personne depuis peu de jours. Et neanmoins il n'y a rien de plus vray, puisque le receu du Sr Promoteur d'Alby produit au procés en fait une pleine foy.

Cette conduite si peu equitable donna lieu au Promoteur d'Alet pour se delivrer d'une si étrange oppression, d'interjetter appel en cour de Rome, avant que les fins de non proceder sur l'incompetence fussent vuidées, & de prendre des lettres à la Chancellerie, afin d'estre receu à joüir du delay de 4. mois pour faire foy de son appel, & empescher l'execution des ordonnances & des decrets de M. l'Evesque d'Alby. Ces lettres furent intimées, & les defenses qu'elles contenoient faites aux sieurs de l'Estang & Rives le 7. du mois d'Avril, & audit Seigneur d'Alby le 9.

Et neanmoins au prejudice de cet appel, le 20. du mesme mois, qui estoit la veille de l'enregistrement de ces lettres, M. de l'Estang pere fit signifier l'ordōnance de M. d'Alby dont il est parlé cydessus, par laquelle il casse l'emprisonnement de M. le Doyen, & ordonne qu'il sera elargi, à quoy faire le Promoteur & le geolier seront contraints par corps. Pour l'execution dequoy il s'estoit pourveu à Limoux pour avoir l'assistance du bras seculier. Et il fit en mesme temps notifier le decret d'ajournement personnel à Mrs de Pradines Archidiacre, Hardy Theologal, d'Arse & Pech Chanoines, & à Mr Pellicier Vicaire General, sans parler du decret de prise de corps contre le Promoteur & Brun clerc.

M. d'Alet n'estoit point en cause, parce qu'il n'avoit eu aucune part à l'emprisonnement dont ils se plaignoient, comme il a déja esté dit. Et neanmoins leur but estant de se servir de tous ces procés pour décrier sa conduite, M. de l'Estang pere luy fit signifier le mesme jour 20. Avril de la part de M. le Doyen son fils un acte qui avoit esté dressé le 17. & qui estoit tout plein de déguisemens.

1. Il y representoit contre toute sorte de verité, que c'estoit M. l'Evesque d'Alet qui avoit fait emprisonner son fils, & que cela s'estoit fait sans aucune forme de justice, l'un & l'autre estant tres faux.

2. Il se plaignoit que cet emprisonnement avoit esté fait au prejudice de deux appels comme d'abus relevez par son fils à Toulouze & à Grenoble, ne prenant pas garde que ce n'estoit pas les Officiers de M. d'Alet qui contrevenoient à ces appels, mais que c'estoit son fils mesme qui au prejudice de ces appels & des assignations données en consequence aux parlemens de Toulouze & de Grenoble sans desistement

de l'un ny de l'autre , avoit fait encore affigner le Promoteur d'Alet à Alby , & étendu la commiffion de M. l'Evefque d'Alby au delà de fes limites, pour fe prevaloir du fupport qu'il y pretendoit contre la jufti-ce , à l'oppreffion de la difcipline. Et de plus que les appels comme d'abus eftant devolutifs feulement , & non pas fufpenfifs, felon les or-donnances , ils ne pouvoient pas empecher l'effet d'un appointement de prife de corps , qui d'ailleurs fe peut toujours executer nonobftant l'appel.

3. Il declaroit par cet acte , *qu'il eftoit obligé de s'en aller à Grenoble pour y pourfuivre l'elargiffement du fieur de l'Eftang fon fils , avec d'autant plus de fujet, que ny M. d'Alet , ny fes Officiers n'avoient pas voulu deferer aux ordonnances de M. l'Evefque d'Alby , portant caffation de cet empri-fonnement.* Sur quoy eft à remarquer 1. que l'acte que l'on faifoit figni-fier à M. d'Alet eftoit du 17. Avril , & que l'ordonnance de M. d'Alby portant caffation de l'emprifonnement n'a efté fignifiée que le 20. du mefme mois, ce qui fait voir la maniere d'agir de ces Meffieurs, qui font des plaintes le 17. d'Avril de ce que les officiers d'Alet n'ont pas deferé à une ordonnance qui ne leur avoit pas encore efté fignifiée, & qui ne le devoit eftre que 3. jours aprés. En 2. lieu il ne tenoit qu'au S^r de l'Eftang fon fils de fortir de prifon, en répondant à l'Official d'Alet, qui eft fon juge naturel, avec telles proteftations qu'il euft voulu, n'a-yant pas pu eftre elargi autrement fans abandonner la jurifdiction de l'Eglife , qui eft le fondement de la difcipline.

4. Il y avançoit que M. d'Alet & fes officiers s'eftoient vantez de le retenir en prifon par chicane, & de le confumer en frais à Grenoble. Ce qui eftoit une fauffeté manifefte, veu mefme qu'ils ne pouvoient pas deviner qu'il vouluft aller à Grenoble , & que le Promoteur ayant efté affigné pour un mefme fait en 3. tribunaux differens, il eftoit prealable de faire regler le juge par le Confeil.

5. Il concluoit cet acte par une fommation qu'il faifoit à M. d'Alet d'avoüer ou defavoüer fon Promoteur. Mais on euft eu bien plus de droit de fommer celuy qui faifoit cet acte , de declarer s'il vouloit foutenir les procés intentez en fi grand nombre par fon fils , & eftre tenu des frais & dépens; parce que le S Doyen eftant fils de famille , & fes benefices fe trouvant engagez par fes dettes pour 5. ou 6. ans , il n'avoit pas dequoy rembourfer tant de frais qu'il faifoit faire fi mal à propos.

Le Promoteur ayant eu connoiffance de la fignification de ces deux actes , & particulierement du premier , il eut recours au Senechal de Limoux pour faire revoquer *l'affiftance du bras feculier*, qu'on y avoit obtenüe par furprife, & faire faire des defenfes de rien attenter au prejudice de l'appel au Pape fous pretexte des decrets & ordonnances de M. d'Alby.

Il fit reprefenter le lendemain que l'on plaida fa requefte , que ces

"decrets de prife de corps & ajournemens perfonnels eſtoient abfolu-
" ment abufifs , pour avoir eſté faits par un juge notoirement incom-
" petant , & par un juge de commiffion, qui ceffe d'eſtre juge dez qu'il
" y a appel ; parce qu'il y a cette difference entre les juges naturels , &
" les juges de commiffion, que par l'appel les juges naturels ne ceffent
" pas d'eſtre juges ; au lieu que les juges par commiffion , fi l'appel eſt *a*
" *gravamine irreparabili*, comme eſtoit celuy dont il s'agiffoit , n'ont
" plus de jurifdiction. Et de plus que M. d'Alby ayant procedé au preju-
" dice des appels comme d'abus qui luy avoient eſté notifiez, & des in-
" ſtances tres fortes & tres bien fondées qu'on avoit faites fur fon in-
" competence, qui n'avoient point eſté vuidées, tout ce qu'il avoit
" fait eſtoit abfolument nul & de nul effet.

M^rs les Gens du Roy ayant conclu aux mefmes fins , les lettres de Quadrimeſtre furent enregiſtrées, *& defenfes faites aux fieurs de l'E-ſtang & Rives de rien faire ny attenter fous pretexte des decrets & ordonnan-ces du Seigneur Evefque d'Alby, à peine de nullité & caffation , & 500. li-vres d'amande , & autres arbitraires.*

M. le Doyen, ou fon agent appella de ce jugement à Grenoble le 22. du mefme mois , par acte fignifié le mefme jour. Et cependant il aima mieux demeurer en prifon, que de répondre avec fes exceptions pour eſtre elargi. Et par un dernier mépris de la juſtice ecclefiaſtique , & de fon caractere , ayant prefenté au parlement de Grenoble une re-queſte pleine de faux faits le 27. du mois de May , & obtenu fur cette requeſte *qu'il fe remettroit inceffamment dans les prifons de la conciergerie pour y eſtre detenu jufqu'à avoir obei à droit , à l'effet dequoy il eſtoit enjoint au geolier des prifons ecclefiaſtiques de luy ouvrir les portes,* il choifit plu-toſt de s'aller remettre dans des prifons feculieres avec bien des pei-nes & des fatigues, que de reconnoiſtre le juge que le privilege de fon facerdoce luy avoit donné. Il ne fit neanmoins fignifier ce decret qu'un mois aprés fa datte, parce qu'il efperoit un arreſt du Confeil , qu'il avoit effectivement obtenu, mais dont il ne crut pas fe devoir fervir : de forte que ces efperances s'eſtant evanoüies de ce coſté la, il fit inti-mer ce decret du parlement de Grenoble , & il vouloit a toute force fortir reveſtu de fon furpelis & de fon aumuffe , fi ceux qui l'eſtoient venu mettre dans une liberté paffagere, trouvant fon procedé ridicule, ne s'y fuffent oppofez. Ils ne purent pourtant empefcher qu'a la teſte de 20. chevaux, le paraffol en main comme un étendart , il ne fiſt deux tours de la ville d'Alet pour fe faire voir , & qu'il n'entraſt à Limoux en cet equipage.

Eſtant arrivé à Grenoble au lieu de pourfuivre fon appel comme d'abus, voulant confumer le Promoteur en frais & en chicanes, il donna requeſte de caffation de fon emprifonnement , & fit ordonner qu'avant toutes chofes les parties viendroient plaider fur cet incident, dont il eſtoit impoffible de bien juger , fans fçavoir au prealable fi l'excommunication avoit esté bien declarée , & si l'ordonnance de M. l'Evesque d'Alet du 24. Decembre estoit fondée en droit. Mais il esperoit obtenir tout ce qu'il voudroit dans la troisiéme chambre de Grenoble , par la faveur de la Dame de Bressac sœur de M. le President Pourroy , & de M. Guillet son cousin germain pourveu de la charge d'Avocat General , qui faisoient leur fait propre de la cause de M. le Doyen , acause d'un procés de grande importance que Madame de Bressac avoit à Toulouze contre son beaufrere , auquel M. Guillet est aussy fort interressé , parceque M. de l'Estang pere est des juges de ce procés , qui ayant esté partagé devoit encore estre jugé par les mesmes Iuges du partage sur de nouveaux actes produits au Conseil. Cet interest fut cause que la Dame de Bressac , le President Pourroy , & le Sr de Guillet , qui avoient grand nombre de parens dans cette chambre & dans le parlement , firent leur propre affaire de celle de M. de l'Estang, qu'ils soliciterent tous les juges de porte en porte , & qu'ils les firent soliciter par tous leurs parens & par leurs amis ; & que mesme ce fut chez M. Guillet que se faisoient les consultations des avocats : de sorte qu'il n'y avoit aucune apparence qu'on pust esperer justice contre une si grande faveur.

C'est ce que l'avocat du Promoteur representa par une requeste , dans laquelle il soutint de plus , que la Dame de Bressac ayant actuellement de service dans cette chambre le Sr du Bonnet son beaufrere , & les sieurs de saint Germain & Aveison ses oncles & cousins germains , qui sont aussy parens du sieur Guillet , il n'estoit pas juste que cette cause , où le sieur de l'Estang est partie , y fust traittée ; & qu'il ne servoit de rien de dire que le sieur de l'Estang n'y avoit point de parens , puisque la Dame de Bressac , le President Pourroy , & le sieur Guillet faisant de cette cause leur propre cause , leurs parens devoient estre considerez comme parens du sieur de l'Estang , & que pour preuve il n'estoit besoin que des solicitations faites par eux & en general & en particulier , & que s'il estoit necessaire il seroit prouvé que le sieur Guillet n'avoit pas seulement solicité de porte en porte , mais encore dans le palais , & mesme fait sortir de la chambre quelquesuns des Conseillers avec lesquels il avoit contesté sur cette affaire.

Mais quelque juste que fust cette requeste du Promoteur , & quoy qu'elle ne tendist qu'a faire renvoyer cette affaire en une autre châbre, elle fut rejettée ; & par le mesme support , pour luy oster le temps & le moyen d'avoir justice & de se pourvoir en l'assemblée des chambres ou autrement , les sieurs de l'Estang & Rives contraignirent son avocat de plaider la cause de la cassation d'emprisonnement deux jours seulement aprés qu'il eut presenté cette requeste. Et on y agit avec tant de precipitation , que la cause n'ayant pu estre jugée dans l'audience du matin , elle fut remise à l'apresdinée , ce qui est toutafait extraordinaire, & une marque bien visible de la faveur & du support que M. le Doyen avoit trouvé dans cette chambre par l'entremise de Madame de Bressac. C'est pourquoy il ne luy fut pas difficile d'obtenir l'arrest contre lequel on s'est pourveu au Conseil, par lequel contre tout ordre judiciaire, sans prononcer sur l'abus pretendu de la declaration d'excommunication, & de l'irregularité de l'ordonnance de M. l'Evesque d'Alet du 24. Decembre 1663. & de celle du juge Metropolitain de Narbonne, l'emprisonnement est declaré nul & de nul effet, & les sieurs de l'Estang & Rives rétablis dans leurs fonctions d'ordres & de benefices ; & pour le fond, qui n'estoit pas encore instruit, les parties renvoyées aprés la S. Martin. Voicy les termes de cet arrest.

LA COVR ayant aucunement égard à la requeste desdits sieurs Doyen & Rives, sans s'arrester aux emprisonnemens faits de leurs personnes qu'elle a declaré nuls & de nul effet, les a rétablis dans les fonctions de leurs ordres & dignitez, & dans la possession & joüissance de tous les revenus de leurs benefices, & arerages d'iceux. Enjoint à tous fermiers & autres personnes saisies desdits revenus de leur en faire le payement, à peine d'y estre contraints par toutes voyes de justice deües & raisonnables, mesme par emprisonnement de leurs personnes. Et sur les appellations comme d'abus, attentats, & rétablissement des officiers du Chapitre d'Alet, ordonne que les parties en viendront à la premiere audience aprés la S Martin ; & qu'a ces fins les autres Chanoines de ladite Eglise seront assignez ; & a condamné ledit Promoteur en la moitié des dépens, les autres reservez.

On peut faire quelques remarques sur cet arrest qui feront voir avec quelle broüiilerie & quelle confusion il a esté rendu. 1. Il n'a pas esté sitost prononcé qu'il l'a fallu reformer ; car le President avoit prononcé *l'emprisonnement abusif* ; mais comme cela estoit insoutenable, parce que le vice de l'emprisonnement, qui a esté fait dans toutes les formes, ne pouvoit venir que du vice du fond qui estoit laissé indecis, on changea le prononcé sur le registre, & on y mit, *sans s'arrester aux emprisonnemens &c. qu'elle a declaré nuls & de nul effet.*

2. On a prononcé sur une affaire dont on ne connoissoit pas seulement le fait; puisqu'on parle dans cet arrest des emprisonnemens des sieurs de l'Estang & Rives, & qu'on les declare *nuls & de nul effet*, comme si l'un & l'autre avoient esté emprisonnez ; au lieu qu'il n'y a eu que le Doyen seul. Cela fait voir avec combien peu de soin cette affaire a esté examinée.

3. Dans les qualitez de cet arrest on y met M. l'Evesque d'Alet ; & dans l'arrest de renvoy à la huitaine du 14. Aoust, qui est celuy qui regle les qualitez, il n'y a que le Promoteur en cause. Aussy personne n'a jamais plaidé ny occupé pour M. l'Evesque d'Alet, mais pour le le Promoteur seul. Et M. le Doyen a si bien connu qu'il estoit sa seule partie, qu'il a fait divers actes à M. d'Alet pour le sommer de decla-

rer s'il avoüoit son Promoteur , qu'il accuse dans ces actes de faire facilement des procés , parce qu'il n'a aucun bien.

4. Le Promoteur est condamné à la moitié des dépens , ce qui est contraire aux ordonnances , l'edit du mois d'Octobre 1625. defendant de condamner les Promoteurs aux despens , sinon en cas de calomnie manifeste , comme on ne condamne pas aux dépens les Procureurs du Roy , ce qui a esté confirmé par plusieurs arrests du Conseil.

5. Comme il ne s'agissoit dans cette cause que de l'emprisonnement de M. le Doyen, qui estoit un incident que sans raison & seulement pour vexer le Promoteur il avoit fait détacher du fond par la faveur qu'il avoit trouvée dans cette chambre, comment a t'on pu sur cela le rétablir dans les fonctions de ses ordres; puisque l'emprisonnement sur lequel seul on avoit à prononcer, ne l'interdisoit ny ne l'excommunioit, & qu'il est certain qu'on l'auroit pu mettre en prison mal à propos, si on n'y avoit pas gardé les formes de la justice, quoy qu'il fust tres valablement excommunié ? Comme au contraire il arrive tous les jours qu'on declare interdits ceux qui ont omis volontairement de satisfaire au commandement de l'Eglise touchant la communion pascale, quoy qu'on n'eust pas droit pour cela de les mettre en prison.

6. Enfin il n'y a rien de moins soutenable , & de plus pernicieux à l'Eglise, que le motif de cet arrest, qui a esté, comme on l'a appris du plaidoyé de M. l'Avocat General , & de plusieurs Conseillers , que l'absolution *ad cautelam*, donnée par le sieur de la Font Vicaire General de Toulouze le siege vacant , ayant esté jugée bonne & valide , & qu'elle rétablissoit les S^{rs} de l'Estang & Rives dans leurs fonctions , on avoit eu tort de leur faire un crime d'avoir celebré aprés cette absolution , & consequemment que l'emprisonnement ne pouvoit subsister.

. Et c'est ce qu'on pretend qui fait la nullité de l'arrest. Car cette absolution du sieur de la Font ayant esté declarée nulle & inualide par l'ordonnance de M. l'Evesque d'Alet du 24. Decembre 1663. & les sieurs de l'Estang & Rives en ayant reconnu eux mesmes l'inualidité en se pourvoyant au Metropolitain au mois de Fevrier ensuivant , & prenant de luy une nouvelle absolution *ad cautelam* ; & ayant depuis relevé appel cõme d'abus au parlement de Grenoble tant de ladite ordonnance du 24. Decembre 1663. que de l'ordonnance du Metropolitain de Narbonne , par laquelle il leur faisoit defenses de celebrer ou de faire aucune autre fonction en vertu de son absolution *ad cautelam*, n'est-il pas visible que pour juger de la validité ou de l'inualidité de l'emprisonnement , il estoit absolument necessaire de juger prealablement s'il y avoit abus ou non dans ces ordonnances de M. d'Alet du 24. Decembre 1663. & du Metropolitain du 20. Fevrier 1664. qui avoit deplus ordonné, *qu'il seroit passé outre par l'Official d'Alet à l'instructive criminelle pour la contravention à l'ordonnance du 24. Decembre.*

7. On voit encore la mesme chose d'une autre maniere. L'absolution *ad cautelam* du sieur de la Font ne peut estre valide, si l'arrest du parlement de Toulouze du 24. Novembre, en vertu duquel elle a esté donnée, est absolument nul, comme ayant esté donné par attentat. Or c'est ce qu'a soutenu le Promoteur, & c'est un des points du procés. Il l'a donc fallu juger, avant que de casser l'emprisonnement sur la pretendüe validité de cette absolution *ad cautelam*. Or ce mesme arrest, qui n'a cassé cet emprisonnement qu'en supposant que cette absolution estoit valide, a renvoyé pour les *attentats*, aussy bien que pour les abus, aprés la S. Martin; ce qui enferme une contrarieté manifeste. Car si le parlement de Grenoble eust cassé aprés la S. Martin l'arrest de Toulouze du 24. Novembre comme donné par attentat, que fust devenu son arrest du 21. Aoust ? Et cependant y eut-il jamais un attentat plus visible, que celuy de cet arrest de Toulouze du 24. Novembre 1663. puisque dez le 17. Novembre 1662. l'evocation generale avoit esté intimée au Sr Rives, qui estoit pour lors scyndic du Chapitre d'Alet, & qu'en consequence il avoit esté assigné au parlement de Grenoble, & que cette evocation avoit esté derechef signifiée au sieur de l'Estang à la requeste de M. d'Alet, & encore depuis à l'un & à l'autre à la requeste du Promoteur en l'evesché d'Alet; & que pour le parlement de Toulouze elle luy avoit esté intimée dez le 22. Iuin de la mesme année 1662. & souvent depuis, comme on l'a plusieurs fois justifié au Conseil.

8. Enfin si le parlement de Grenoble eust jugé le fond, & eust declaré n'y avoir point eu de transport de jurisdiction, & y avoir eu abus dans la sentence de l'Official d'Alet declaratoire d'excommunication & d'irregularité, quoy qu'en cela il eust jugé sa propre cause, il y eust eu plus de lieu de le souffrir sans se plaindre, parceque s'agissant d'un fait particulier la consequence n'en auroit pas esté si grande ; mais sans juger du fond ayant cassé un emprisonnement, & rétabli des Ecclesiâstiques dans les fonctions de leurs ordres & benefices, sur ce fondement qu'une absolution donnée *ad cautelam* par un Vicaire Gereral d'une autre metropole en consequence d'un arrest d'un parlement, rétablit dans les fonctions, c'est une playe si pernicieuse à l'Eglise, qu'elle ne peut estre dissimulée.

Car si cela a lieu que deviendront les censures, & à quoy servira la distinction des provinces ecclesiastiques, & la gradation des Sieges ? Cet arrest prejuge deux choses : la 1. qu'il est permis à un excommunié pour se faire absoudre de recourir à tel Evesque ou Vicaire General que bon luy semblera. La 2. que ces absolutions *ad cautelam* remettent ceux à qui elles sont données dans le libre exercice de leurs fonctions ecclesiastiques, comme ils estoient avant l'excommunication. Le 1. destruit entierement la police de l'Eglise, & l'ordre hierarchique,

chique, met une horrible confusion dans l'estat ecclesiastique, donne l'impunité aux crimes, & rend les superieurs sans autorité. Car s'il est permis d'avoir recours a l'Evesque ou Vicaire General que l'on veut, qui est celuy qui demeurera sans absolution, quelque criminel qu'il soit? Et c'est ce qui a esté souuent condamné au sujet des *visa* par les Evesques de France, & par une declaration du Roy, comme estant contraire aux canons : en consequence dequoy plusieurs arrests du Conseil ont declaré nuls les *visa* donnez par autre que le Metropolitain sur le refus de l'Evesque diocesain ; & M. d'Alet a obtenu un arrest du Conseil confirmatif de l'ordonnance, par laquelle il avoit declaré nul un *forma dignum* donné par le Vicaire General de Mirepoix.

Le 2. renverse entierement toute la discipline de l'Eglise, rend les censures illusoires & inutiles, & oste aux Prelats, qui par là deviendront toûjours plaignans, tout moyen de reformer leur clergé, & de faire observer les canons dans leurs dioceses. Vn Curé, par exemple, qui scandalise sa paroisse par le soupçon qu'il donne d'un mauvais commerce avec l'une de ses paroissiennes, & qui pour ce sujet aprés les monitions canoniques, n'ayant pas voulu faire cesser le scandale, aura esté excommunié par son Evesque, se rendra appellant au Metropolitain, ou comme d'abus de cette excommunication, & en consequence de son appel il obtiendra une absolution *ad cautelam* ou du metropolitain, ou du premier Evesque, ou Vicaire General du ressort; & cela sans aucune difficulté, & mesme sans oüir parties. Si donc cette sorte d'absolution le remet dans ses fonctions, il les viedra continüer dans sa paroisse, & continuera aussy ses frequentations & son mauvais commerce avec sa paroissienne, sans que son Evesque luy puisse ny dire ny faire quoy que ce soit ; & s'il l'entreprenoit, il est certain supposé l'abus qu'on veut introduire, que ce Curé le fera casser par attentat acause de l'appel, & il ne se mettra pas en peine de faire vuider l'appel de son excommunication, en estant absous suffisamment : au contraire il en eludera le jugement par toutes voyes: il formera des incidens mesme déraisonnables, afin que ce qu'il aura demandé luy estant refusé, il ait occasion d'appeller encore, & d'eterniser ainsi cette affaire, afin de consumer en frais & en soins son Evesque & ses Officiers, qui n'y avanceront pas davantage pour cela. Voila l'effet de l'abus qu'on pretend faire des absolutions *ad cautelam*, qui est inevitable, & encore plus pernicieux dans la pratique, qu'on ne le peut exprimer.

Ces raisons, outre la consideration des parentez de Madame de Bressac, qui avoit fait son *fait propre* de cette affaire, obligerent d'une part le Promoteur à se pourvoir au Conseil du Roy contre cet arrest, comme l'on dira plus bas ; & firent juger de l'autre à M. l'Evesque d'Alet, qu'il devoit employer l'autorité de son caractere pour arrester

autant qu'il estoit en luy les suites funestes d'un si grand abus. C'est ce qui le porta à adresser aux Chanoines & beneficiers de son Eglise cathedrale, & aux habitans d'Alet une monition canonique, où aprés
» avoir exposé ce qui s'estoit passé jusqu'àlors dans cette affaire, & de
» quelle sorte les sieurs de l'Estang & Rives avoient surpris un arrest
» qui les rétablissoit dans leurs fonctions en vertu d'une absolution *ad*
» *cautelam* du Vicaire General de Toulouze, laquelle estant nulle & in-
» valide desoy, & quand mesme elle eust esté valide, ne leur pouvant
» donner que la liberté de converser, & de le defendre en justice, ainsy
» qu'il a esté declaré par le juge Metropolitain, elle n'avoit pu estre va-
» lidée par l'arrest d'une cour seculiere, ny recevoir d'autres effets que
» ceux qu'elle a par le droit canonique; & que par consequent elle ne
» pouvoit pas les rendre capables de faire leurs fonctions, & de cele-
» brer la sainte messe. Il finit par ces paroles : CE QVE POVRTANT
nous avons appris non sans affliction qu'ils voulient faire, perseverant dans la dureté de leur cœur, & dans leur obstination à ne se point reconnoistre, & revenir à l'Eglise leur mere, laquelle ils continüent de scandaliser par leur rebellion, & ruinent sa discipline en rendant ses censures, qui en sont les nerfs, illusoires & inutiles. NOVS *pour ne point adherer à une telle profanation, & soutenir selon l'obligation de nostre ministere autant qu'il est en nous la jurisdiction ecclesiastique, en attendant de pouvoir remedier par les voyes de droit à leur attentat,* VOVS DECLARONS *qu'ayant toujours vers eux les entrailles de pere, & le cœur ouvert pour les accüeillir avec toute sorte d'amour & de tendresse, quand ils voudront revenir à nous, & rentrer dans les devoirs de veritables enfans de l'Eglise, vous ne pouvez cependant sans vous rendre coupables d'une grande desobeissance à l'Eglise, sans encourir les peines portées par les canons, & sans vous rendre participans avec eux de la profanation des divins mysteres & offices ecclesiastiques, assister à la messe qu'ils diront, ny aux offices qu'ils feront, ou ausquels ils assisteront.*

Cependant M{s} de l'Estang & Rives se preparoient a faire servir leur arrest, pour triompher de l'autorité de l'Eglise. Dans ce dessein ils arriverent dans la ville d'Alet un lundy 26. Septembre, jour de S. Michel de l'année passée 1664. environ les 3. heures aprés midy, comme on sonnoit le dernier coup de Vespres à l'Eglise cathedrale. Ils estoient accompagnez de M. Christophle de l'Estang Conseiller en la grand' chambre du parlement de Toulouze, pere du Doyen, du sieur Marc Forés Conseiller au Senechal de Limoux, de plusieurs gentilshommes, & autres gens.

Dez qu'ils furent descendus en la maison du Doyen, M. de l'Estang pere envoya dire aux Consuls de le venir trouver; ce qu'ayant fait il leur dit qu'il estoit venu pour faire executer l'arrest que son fils avoit obtenu, qu'il falloit qu'ils l'accompagnassent à l'Eglise avec M. Forés deputé par le parlement de Grenoble pour l'execution de cet arrest.

Comme ils alloient à l'Eglise Mᵉ Antoine Pega Prestre & Secretaire de M. l'Evesque d'Alet, qui ce jour là estoit absent & en visite à une lieüe & demie d'Alet selon la coutume, survint accompagné du sieur de Laur Ecclesiastique, & ayant rencontré les sieurs de l'Estang & Rives qui estoient avec M. de l'Estang pere, & le sieur Forés, le reste de la trouppe venant aprés, il leur dit que M. l'Evesque d'Alet en s'en allant avoit laissé une monition qu'il leur venoit notifier ; & l'ayant ensuite leüe, M. de l'Estang pere dit au Sʳ Forés qu'il le falloit arrester, & en effet il luy mit la main sur le bras, puis le tenant & le secoüant tous trois, scavoir Mʳˢ de l'Estang pere & fils, & le Sⁱ Forés, ils luy arracherent par violence l'original de cette monition, quoy qu'il leur en eust offert copie. Et l'ayant ensuite conduit en la maison du Doyen avec tous les gentilshommes de leur compagnie, & autres qui estoient accourus à la lecture de cette monition, ils refuserent de rendre cet original ; & M. de l'Estang pere requit le sieur Forés de le retenir & d'en charger son procés verbal ; ce qui obligea le sieur Pega de se tourner vers les Consuls, pour les requerir aussy de se resouvenir de la violence & du mauvais traittement qu'on luy avoit fait, ensuite dequoy il se retira.

Aprés cette premiere action Mʳˢ le Doyen & Rives sans attendre les autres Chanoines de l'Eglise cathedrale, qui estoient allez deliberer sur la signification qui leur avoit esté faite de l'arrest, s'en allerent à l'Eglise accompagnez comme dessus. Estant à la porte les Consuls refuserent d'entrer, tant parce que les autres Chanoines n'y estoient pas, & qu'ils avoient déja entendu les Vespres de la paroisse, que parce qu'ils ne pensoient pas pouvoir communiquer *in divinis* avec lesdits sieurs de l'Estang & Rives. M. de l'Estang pere fit tous ses efforts par prieres & par menaces pour les faire entrer ; mais voyant qu'il n'y pouvoit reüssir, il les obligea de demeurer sur le perron de l'Eglise avec leurs robes & leurs livrées consulaires, les menaçant de les faire mener prisonniers à Grenoble, où il disoit pour les intimider qu'il avoit fait arrester le sieur de Monmusson Viguier d'Alet, & qu'il luy feroit couper la teste. Et comme il apprit que le Viguier estoit arrivé de Grenoble, il dit qu'il falloit donc qu'il eust violé les prisons, & qu'il iroit le prendre quelque bien caché qu'il fust dans l'evesché jusques dans la chambre de M. d'Alet. Neanmoins ces menaces & ces violences n'empecherent pas que les sieurs de l'Estang & Rives ne fussent reduits à dire Vespres tout seuls, nuls des beneficiers ne s'estant voulu joindre à eux, & le peuple mesme estant sorti de l'Eglise aussitost qu'ils y entrerent.

M. de l'Estang pere obligea ensuite les Consuls envers lesquels il renouvella ses menaces, d'accompagner le sieur Forés dans un logis de la ville où il se retira ; & l'à ayant demeuré prés de cinq heures debout avec leurs robes & leurs livrées, attédant que le sieur Forés eust achevé

fon procés verbal , M. de l'Eftang pere revint qu'il eftoit déja nuit , &
commença d'abord à fon ordinaire à menacer les Confuls, & entr'autres le premier de le faire conduire à Grenoble, de luy faire perdre
fon affiftance aux Eftats de la province &c. Aprés quoy il les obligea
de figner fur une feüille detachée & peu ecrite , difant qu'il feroit
achever le verbal, & qu'on n'y mettroit rien que de veritable : ce que
les Confuls n'oferent refufer , eftant tout effrayez foit des menaces de
ce Confeiller , foit du nombre des gentilshommes & autres gens qui
l'accompagnoient.

Il demeura dans Alet depuis le lundy au foir jufqu'aufoir du
jeudy , & pendant tout ce temps là il n'y eut point d'office à la cathedrale ; parce que menaçant les Chanoines & les beneficiers de faire
informer contre eux , de les faire decreter à Grenoble ; & dailleurs
ces Ecclefiaftiques voulant deferer à la monition de M. d'Alet , ils
s'abfenterent tous pour n'eftre pas contraints de fe trouver à l'Eglife.

Son occupation ordinaire tant qu'il fut à Alet , eftoit d'aller par les
rues une baguette à la main , accompagné de fes gentilshommes &
autres gens armez, difant tout haut , qu'il feroit pendre , envoyer aux
galeres , mettre en prifon ; ce qui remplit les habitans de frayeur.

Il y recevoit auffy plufieurs vifites des gentilshommes fcyndiquez
contre M. l'Evefque d'Alet ; en forte que par la ville , qui n'eft com-
pofée que de 60. ou 80. maifons,on ne rencontroit que gentils-hommes & autres traifneurs d'efpées de leur fuite ; ce qui tenoit tous les
bourgeois dans une fi grande confternation, que prefqu'aucun n'ofoit
venir à l'evefché , où M. d'Alet arriva fur le foir du jour de S. Michel.

Entre les autres violences reelles que ce Magiftrat, qui les devroit
punir dans les autres , commit à Alet en trois jours de temps qu'il y
demeura , outre celle d'avoir maltraité un Secretaire de M. d'Alet
pour avoir fignifié une monition canonique , & d'avoir obligé les
Confuls à luy donner vn feing en blanc, il en fit trois remarquables,
& qu'il accompagna de fauffetez tres-infignes.

La premiere fut , de faire prendre prifonnier le fieur de Salva Treforier du Chapitre dans la place d'Alet,qu'il auoit environnée de fes
gens , fous pretexte de la contrainte portée par l'arreft , quoyque ce
Treforier *offrit de payer, & delivrir comptant tout ce qu'il avoit entre fes
mains , & qui pouvoit eftre deu aux fieurs de l'Eftang & Rives , demandant
feulement qu'à cet effet on le laiffaft aller à fa maifon, où il avoit les depar-
temens, l'argent,& le bled :* ce qu'on refufa de faire.Et quoy qu'il fe por-
taft mal , fans avoir égard ny à fon indifpofition , ny à fon offre qu'il
reitera par acte, on le conduifit à Lanraquel, qui eft un chafteau ap-
partenant à un parent de M. de l'Eftang, dont il avoit deux ou trois
cadets avec luy ; & de là on l'amena à un autre chafteau, quelques offres qu'il puft faire de payer ce qu'on luy demandoit. Mais depuis
pour colorer une conduite fi vifiblement tortionnaire,au lieu que par

l'exploit en original qu'on a entre les mains, il paroiſt que le ſieur Salva a répondu qu'il eſtoit preſt de payer, on a falſifié une copie de ce
meſme exploit, pour luy faire répondre que les diſtributions qu'on
luy demandoit avoient eſté diverties ; & c'eſt ce que M. le Doyen a
eu la hardieſſe d'avancer dans ſa derniere requeſte au Conſeil, pour
ſurprendre comme il a fait par cette étrange fauſſeté la religion du
Roy.

La 2ᵉ violence fut à l'occaſion du meſme Treſorier du Chapitre. Sa
femme s'eſtant miſe en devoir de faire tout ce qui ſe peut en ces oc-
caſions pour delivrer ſon mary, & ayant donné au nommé Formilla-
que Notaire une minute d'acte pour mettre au net ſur ſon regiſtre,
contenant ſes diligences, M. de l'Eſtang pere ſe tranſporta chez ce Notaire avec pluſieurs gentilshommes, fit rayer de cet acte l'expoſé, le
menaça de le faire pendre acauſe qu'il eſtoit fait mention audit expoſé de ſes violences ; & apres l'avoir obligé de dreſſer cet acte comme
il voulut, il le contraignit à force de menaces, & luy diſant qu'il le
vouloit amener priſonnier à Toulouſe, de luy en donner un expedié,
„ où il eſt dit que les témoins ont ſigné,& que la femme du ſieur Salva
„ ne ſçait ſigner, quoyque les témoins n'euſſent pas ſigné, non plus
„ que la Damoiſelle Salva, qui ſçait fort bien ſigner & écrire. Et ny
elle ny les témoins n'avoient garde de ſigner cet acte en la maniere
que M. de l'Eſtang l'avoit fabriqué ; puiſqu'il eſtoit contraire à leurs
intentions, & à la minute, & que perſonne ne leur vint dire de le
ſigner.

La 3ᵉ. fut au meſme ſujet. Cette damoiſelle ayant proteſté dans cet
acte, *qu'à faute par leſdits ſieurs de l'Eſtang & Rives de vouloir mettre ſon*
mary en liberté, & compter avec luy, elle alloit conſigner ce qui leur pouvoit
appartenir entre les mains du ſieur Gerauld marchand d'Alet, le ſieur de
l'Eſtang pere s'en alla chez ce marchand, le voulut obliger par pluſieurs menaces de ſigner qu'il avoit ladite conſignation, on ne ſçait à
quel deſſein ; & comme il vit qu'il n'en vouloit rien faire, & qu'il ne
s'étonnoit pas de ſes menaces, il luy commanda de le ſuivre, en luy
diſant qu'il le faiſoit priſonnier. Mais ce marchand luy ayant demandé en vertu dequoy, & ſe plaignant hautement de cette violence, il le
laiſſa à la fin, en luy diſant qu'il luy apprendroit bien à obeïr.

Ils ſe ſont depuis voulu ſervir par une autre ſupercherie de la declaration que ce marchand avoit faite ce jourlà, qu'on ne luy avoit
encore rien conſigné, pour montrer que cette conſignation n'eſtoit
qu'en l'air, comme le ſieur Doyen a oſé dire dans ſa requeſte au Roy,
quoyqu'il ſçache bien le contraire ; puiſque le 3. Octob. Louis Salva
frere de celuy qu'il avoit fait empriſonner par une horrible vexation,
luy fit ſignifier un acte, pour luy certifier que la damoiſelle Salva alloit conſigner la ſomme de 160. liures, & 70. ſeptiers de bled entre les
mains de ce marchand, qui eſtoit plus qu'il ne pouvoit leur eſtre deub;

ce qui fut executé ce jour là mesme , ne l'ayant pu estre auparavant acause des violences du sieur de l'Estang pere.

On ne peut douter aprés un tel procedé , qui avoit jetté l'épouvante dans tous les esprits, que les habitans d'Alet connoissant l'humeur violente de ce Conseiller en la Grand' chambre du parlement de Touloufe , qui est une qualité dans les provinces qui donne tout pouvoir de tout faire impunément , n'ayent cru avoir un sujet raisonnable de tout apprehender, & de ceder à ce torrent. C'estpourquoy ayant fait faire des informations , on peut bien juger qu'il ne manqua pas de témoins , qui ont dit ce qu'il a voulu.

Mais tous ces emportemens ne furent pas capables d'intimider le Promoteur , ny de luy faire abandonner les interests de l'Eglise. Car ayant appris que le Sr Forés faisoit fonction de commissaire sans avoir fait apparoir de sa commission, il la luy fit demander par acte; & ayant veu par la copie qui luy en fut donnée qu'elle estoit adressée *au premier Magistrat non suspect*, il presenta audit sieur Forés des causes tres-pertinentes de reculation , & luy protesta de nullité de tout ce qu'il avoit fait pour les causes contenües en l'acte dressé sur ce sujet , qui a esté produit au procés.

La passion de M. le Doyen contre M. l'Evesque d'Alet n'auroit pas esté satisfaite, s'il ne se fust addressé à luy mesme par un acte qu'il fit à Limoux le dernier Septembre , & qu'il luy fit signifier le 1. d'Octobre, dans lequel il fait un crime aux Chanoines d'Alet , qui estant en plus grand nombre font le corps du Chapitre , de ne s'estre jamais joints avec luy pour appeller des ordonnances de visite; & il suppose ridiculement que de ne luy avoir pas adheré en cela , c'est avoir *commis plusieurs entreprises & attentats , pour applaudir audit Seigneur Evesque.*

Il suppose, que pour empescher la continuation chimerique de ces pretendus attentats, il a deu se pourvoir au parlement de Toulouze, au lieu qu'on a déja montré qu'il ne l'a pu faire qu'en violant tout les canons , qui defendent de transporter aux seculiers la jurisdiction de l'Eglise.

Il suppose, que c'est M. d'Alet qui l'a fait excommunier pour ce transport de jurisdiction, quoy qu'il sçache bien que M. d'Alet estoit absent , & qu'il n'y a point eu de part.

Il suppose, que la sentence par laquelle il est declaré excommunié, a esté renduë sans avoir egard aux recusations qu'il auroit proposées, & à l'appel qu'il auoit relevé à Narbonne ; au lieu qu'elle ne fut renduë qu'aprés avoir deferé aux recusations personnelles contre M. Pelletier ; avoir jugé impertinentes celles qui regardoient toute la cour ecclesiastique d'Alet; & avoir montré que son appel estoit nul & de nul effet ; & de plus qu'il ne pouvoit pas empescher la sentence.

Il suppose, qu'il n'a eu recours au Vicaire General de Toulouze pour se faire absoudre *ad cautelam*, qu'aprés le refus de M. d'Alet ;

ce qui eſt faux, ce Prelat ne l'ayant point refuſé, mais averti ſeulement qu'il devoit demander cette abſolution par requeſte : ce qui ne luy eſtoit point un ſujet de violer l'ordre de l'Egliſe, en s'adreſſant à des Preſtres d'une autre province, qui ne luy pouvoient donner cette abſolution que par un tres-grand abus.

Il ſuppoſe, que le juge Metropolitain l'ayant auſſi abſous *ad cautelam, il s'eſtoit bien-toſt aprés retracté:* ce qui n'eſt point veritable, le Metropolitain n'ayant point revoqué l'abſolution qu'il luy avoit donnée, mais declaré ſeulement, ce qui eſt indubitable, que ſelon les canons & le vray eſprit de l'Egliſe, ces ſortes d'abſolutions ne rétabliſſent point dans les fonctions des ordres, mais donnent ſeulement pouvoir de converſer, & de ſe defendre en juſtice.

Il ſuppoſe, que ne s'en voulant pas tenir à cette ſentence du Metropolitain, il s'eſtoit addreſſé à M. d'Alby, qu'il appelle *commiſſaire apoſtolique, en cette partie deleguè:* au lieu qu'il oſta la connoiſſance de cette affaire à M. l'Archeveſque de Narbonne par un appel comme d'abus au parlement de Grenoble; ce qui lioit les mains à M. d'Alby, quand il euſt eſté veritablement *commiſſaire apoſtolique, deleguè en cette partie,* ce qui n'eſtoit pas, n'ayant eu aucun pouvoir du Pape par ſon reſcrit de juger de cette affaire, mais ſeulement de ce qui regardoit l'appel des ordonnances de viſite.

Il ſuppoſe que *par un tres-grand mépris de l'autorité du Saint Siege, & dudit ſeigneur commiſſaire apoſtolique, M. d'Alet l'avoit fait ignominieuſement empriſonner:* ce qui eſt doublement faux, parce que d'un coſté M. l'Eveſque d'Alet n'a eu aucune part à cet empriſonnement; & que de l'autre des lettres de M. d'Alby qui ne faiſoient point apparoir qu'il fuſt commiſſaire apoſtolique en cette partie, ny ſa nouvelle abſolution *ad cautelam,* à laquelle on n'eſtoit point obligé d'auoir egard avant que ſon pouvoir fuſt reconnu, ny meſme une autre abſolution de cette nature quelque valable qu'elle euſt eſté, n'empeſchoient point dans l'ordre de la juſtice qu'on ne ſe ſeruiſt d'un decret de priſe de corps obtenu dans toutes les formes, pour arreſter le ſcandale que deux Preſtres avoient déja fait, & qu'ils vouloient encore continuer, en troublant le ſervice de l'Egliſe contre la defenſe qui leur en avoit eſté faite par leur Eveſque, & par leur Metropolitain.

Il ſuppoſe, *qu'ayant eſté detenu priſonnier l'eſpace de trois mois & plus, il auroit eſté contraint, laſſé d'une ſi longue detention, d'avoir recours au parlement de Grenoble pour obtenir ſon elargiſſement :* ce qui eſt une fauſſeté manifeſte, ayant pu eſtre elargi dez le lendemain de ſon empriſonnement ſans avoir recours à des juges ſeculiers, s'il ne ſe fuſt opiniaſtré, comme il a toujours fait depuis par un inſupportable mépris de l'Egliſe, de ne point répondre à l'Official d'Alet, qui eſt ſon juge naturel, n'eſtant ny exempt ny privilegié.

Il ſuppoſe, que *par une longue pourſuite au parlement de Grenoble il en a obtenu un arrest contradictoire, qui le remet en ses honneurs, dignitez, &* *preeminences.* Et il dissimule que cet arrest n'a point decidé le fond de l'affaire ; que cet arrest n'empesche point qu'on ne le puisse encore regarder comme ayant esté declaré tres-legitimement excōmunié; & que c'est ce qui fait voir qu'il n'a esté obtenu que par faveur & par sur-prise, en ce que ne jugeant point du fond, il rétablit neanmoins des excommuniez dans les fonctions de leurs ordres par une supposition tres-fausse, & contraire à tous les canons, que ce doit estre là l'effet d'une absolution *ad cautelam*, donnée par une personne sans pou-voir.

Il suppose, *que M. d'Alet ayant appris cet arrest de Grenoble, avoit menacé de l'emprisonner en haine & mépris de l'autorité du parlement :* ce qui est une imposture, M. l'Evesque d'Alet s'estant contenté d'avertir son peuple & les Ecclesiastiques de ce qu'il a cru estre de leur devoir selon l'esprit & les canons de l'Eglise.

Il suppose, que M. d'Alet a deu parler dans cette monition de l'ab-solution *ad cautelam* donnée par M. d'Alby, comme si c'estoit sur cela qu'estoit fondé l'arrest de Grenoble: au lieu qu'on sçait qu'on n'y a eu aucun egard, parceque l'incompetence de cet Evesque estoit trop visi-ble & trop manifeste ; mais seulement à celle du sieur de la Font, Vi-caire General de Toulouze, dont il paroist que M. le Doyen a honte maintenant de se servir.

Enfin il suppose, que cette voye d'une monition paternelle, d'ont M. l'Evesque d'Alet a esté obligé de se servir pour ne pas abandonner les interests de l'Eglise, est *une voye d'autorité qui les reduit luy & son* *compagnon dans une oppression insupportable:* au lieu qu'elle leur ou-vre le vray moyen de se donner la paix à eux mesmes en la donnant à l'Eglise, & de trouver dans les entrailles d'un Prelat si plein d'amour & de charité, le repos qu'il ne trouveront jamais dans la malheureu-se envie de contenter leurs passions, qui les agite depuis si long-temps.

C'est ce qu'ils auroient deu apprendre de la réponse que M. d'Alet fit à leur acte, & qui se trouve dans l'acte mesme, parce qu'il la dicta sur le champ à celuy qui le vint trouver dans sa maison episcopale pour le luy signifier. Il ne s'emut point de tant de fausses & injurieuses suppositions, mais il se contenta de répondre avec une sagesse & une moderation tres-edifiante, *Que lesdits sieurs de l'Estang & Rives* *sçavent fort bien le contraire du contenu en leur acte, & comme il estoit* *absent de la presente ville, estant dans le cours de sa visite depuis plu-* *sieurs jours lors qu'ils ont esté declarez excommuniez, & lors que le sieur* *Doyen fut arresté prisonnier, il preschoit le caresme à Saint Paul ; &* *que ce n'est ny par son ordre, ny par son commandement, ny de son sceu,* *que ces choses ont esté faites : Que depuis sur les plaintes qu'ils luy en* *ont portées, il leur a souvent offert de remettre à des Evesques, à des*

Docteurs,

*Docteurs, & à des Avocats, pour voir & juger s'il avoit esté mal pro-
cedé par les officiers de sa justice ecclesiastique; & que s'ils avoient esté
grevez, il leur feroit faire toute la reparation & satisfaction qu'ils
pouvoient souhaitter; comme aussi si lesdits officiers avoient bien procedé de faire avec toute l'indulgence possible ce qu'on jugeroit pour leur
rétablissement: Qu'au lieu d'accepter ces voyes si chrestiennes, & eviter
par ce moyen les troubles & les desordres que cause leur division, ils
auroient eu recours à la justice seculiere, & obtenu divers arrests, lesquels comme par provision, sans avoir encore veu le fond de leur affaire, les retablissoient dans leurs fonctions sous pretexte de l'absolution ad
cautelam: Qu'il est vray que selon les canons cette sorte d'absolution
ne rendant capable que de contester en justice, & non de faire les fonctions, parce que cela enerveroit l'effet des censures, & empescheroit les
superieurs ecclesiastiques d'en faire usage à l'avenir pour quelque necessité que ce pust estre, il a cru estre obligé de les sommer de ne point faire les fonctions, & d'avertir les beneficiers de son Chapitre, & les peuples de sa ville, qu'il estimoit que l'arrest obtenu par les sieurs Doyen &
Rives, qui ne jugeoit pas le fond, ne pouvoit les rétablir dans leurs
fonctions: Qu'il dénie avoir agi par voye de fait pour s'opposer audit
arrest: Que c'est mal-à-propos qu'ils l'accusent de ne reconnoistre aucune
autorité, puisqu'il n'a pas empesché l'execution dudit arrest, non plus que
resisté à ce qui est emané de M. l'Evesque d'Alby, Commissaire delegué
par sa Sainteté pour le fait des ordonnances de visite dudit Chapitre,
n'estant aucunement delegué pour la declaration de l'excommunication
desdits sieurs Doyen & Rives, dont est question: Qu'il leur offre encore
de remettre à des Evesques, à des Docteurs, & à des Avocats tous les differens concernans le transport de la jurisdiction ecclesiastique, & le violement des censures, qui est le seul interest qu'il a en cette affaire, ne
pretendant point opiniastrement soutenir le procedé de ses officiers, &
protestant contre lesdits de l'Estang & de Rives du scandale qu'ils cau-
sent, & du trouble qu'ils donnent tant aux Ecclesiastiques, que seculiers
de la presente ville.*

S'il estoit resté dans les cœurs de ces deux Prestres la moindre estin-
celle de pieté, auroient-ils pû n'estre pas touchez de cette réponse de
leur Prelat si pleine de charité? & n'auroient-ils pas accepté l'offre
qu'il continuoit de leur faire, de convenir d'Evesques, de Docteurs, &
d'Avocats pour terminer ces differens par une voye chrestienne? Mais
bien loin d'avoir ces pensées, ne cherchant que des occasions de luy
faire de nouveaux insultes, ils crurent en avoir trouvé un sujet dans
la declaration de sa Majesté du mois d'Avril 1664. sur la signature du
formulaire, quoy qu'il n'y fust rien prescrit à l'égard des Evesques qui
ne jugeoient pas à propos de le faire signer dans leurs dioceses. Mais
ils s'imaginerét qu'ils feroient leur cour auprés de certaines gens, dont
le credit leur avoit déja esté fort avantageux, s'ils signaloient leur

G

zele pour la ſignature, & qu'en meſme temps ils ſe vangeroient impunément de leur Eveſque, en choiſiſſant vne matiere odieuſe pour
le traitter en valet, & d'une maniere tout-à-fait indigne.

Ils firent donc dans le meſme mois d'Octobre trois actes conſecu-
tifs en la ville de Limoux, par leſquels ils requeroient M. l'Eveſque
d'Alet *de vouloir faire porter*, ce ſont leurs termes, *dans un lieu de liberté le Formulaire fait ſur les 5. propoſitions, & doctrine pernicieuſe, dam-
nable, ſcandaleuſe, & heretique de Ianſenius, condamnée par les Papes Innocent X. & Alexandre VII. afin qu'ils y puſſent faire leur ſignature ſuivant
la declaration de ſa Majeſté :* ce qui eſt tres-faux, ſa Majeſté n'ayant
rien ordonné de tel par ſa declaration. Et ils ajoûtent dans le dernier
de ces trois actes, qui eſt du 20. Octobre : *Que ledit ſeigneur Eveſque
n'ayant daigné y ſatisfaire, ils le ſomment pour la derniere fois de vouloir s'il luy plaiſt leur faire apporter & exhiber ledit Formulaire par ſon
Secretaire, ou autre perſonne qu'il luy plaira, à telle des villes & lieux
mentionnez aux precedans actes que bon luy ſemblera, SAVF ET RESERVE'
les lieux de ſon dioceſe, où ils ne peuvent avoir l'accés libre, ny trouver la
ſeureté de leur perſonnes.... Autrement & à faute de ce faire preſentement,
ils proteſtent contre ledit ſeigneur Eveſque de ſon indu refus, dépens, dommages, & intereſts; & de ſe pourvoir à raiſon de ce pardevant qui il appartiendra.*

Il ne ſeroit pas aiſé de taxer *les dépens, dommages, & intereſts*, que
ces faiſeurs de ſommations pretendent leur devoir eſtre ajugez pour
n'avoir pas mis leur ſignature à un Formulaire, que M. l'Eveſque
d'Alet eſtoit obligé, ce leur ſemble, de leur envoyer par un homme
exprés en quelque lieu hors de ſon dioceſe. Mais il eſt plus facile de
deviner devant qui ils avoient deſſein de ſe pourvoir, non pour ſe
plaindre de ce refus, mais pour ſe faire un merite d'une ſi ridicule demande.

Pendant que ces choſes ſe paſſoient à Alet, cette meſme affaire s'e-
xaminoit à Paris au Conſeil du Roy. Car dez que le Promoteur eut
appris que la requeſte que ſon Avocat avoit preſentée à Grenoble pour
faire renuoyer cette affaire en une autre chambre, avoit eſté rejettée,
il en écrivit à Paris pour s'en plaindre au Conſeil, & chargea un avocat d'y repreſenter l'eſtat de cette affaire, les ſollicitations de Mad de
Breſſac, & de M. l'Avocat General Guillet, le nombre de leurs parens
dans le parlement, & en particulier dans cette 3e chambre, ainſi qu'il
eſtoit porté par la requeſte preſentée à cette chambre, & comme ladite Dame avoit fait *ſon fait propre* de cette affaire. Sur quoy interuint
arreſt au Conſeil au rapport de M. de la Renie le 22. Septembre 1664.
par lequel le Roy ordonna, *que par le premier Maiſtre des requeſtes de
ſon hoſtel trouvé ſur les lieux, Conſeiller de Cour Souveraine, ou autre juge
royal ſur ce requis, il ſera informé des parentez & fait propre dans deux
mois, pour l'enqueſte veüe & rapportée au greffe du Conſeil, eſtre ordonné ce*

qu'il appartiendra par raison ; & cependant defenses à ladite 3e chambre du parlement de Grenoble de plus avant connoistre du different des parties, & à icelles d'y faire aucunes pourfuites, à peine de nullité, caffation des procedures, dépens, dommages, & interests.

Cet arrest fuppofoit l'affaire en l'eſtat qu'elle paroiſſoit par la requeſte preſentée à la 3e chambre du parlement de Grenoble le 19. Aouſt. Mais le Promoteur ayant eu avis à Alet où il eſtoit, que cette chambre avoit paſſé outre, & qu'il y avoit eu arreſt le 21. avec la plus grande precipitation du monde, il écrivit de nouveau à Paris pour fe pourvoir contre cet arreſt. Et cependant eſtant allé à Grenoble au commencement du mois de Novembre avant que les deux mois portez par l'arreſt du Conſeil du 22. Septembre fuſſent expirez, il y preſenta requeſte, à laquelle il attacha cet arreſt du Conſeil pour avoir permiſſion de l'executer.

On le retint deux ou trois iours dans les chambres de ce parlement; & comme les folicitations de madame de Breſſac & de M. l'Avocat general Guillet avoient eſté publiques, & avoient bleſſé les plus gens de bien de ce parlement, pour remedier à l'avenir à de femblables chofes, on arreſta, toutes les chambres aſſemblées, qu'il feroit defendu à tous les officiers du parlement de foliciter ny directement ny indirectement, & que tous s'y obligeroient par ferment; ce qu'ils executerent fur le champ : & depuis ils n'ont permis d'opiner à aucun of. ficier, qui fuſt pour lors abfent, qu'il n'euſt auparavant preſté ce ferment.

La permiſſion d'executer l'arreſt du Conſeil ayant eſté obtenüe, le Promoteur le fit fignifier, & le mit enfuite entre les mains du Iuge royal de la ville de Grenoble, pour le mettre à execution, & faire l'enqueſte *du fait propre.* Car le procureur de M. le Doyen convint d'abord des parentez & alliances de Mad: de Breſſac & de M. Guillet; mais il nia *le fait propre.* On prit donc des lettres du Commiſſaire pour faire aſſigner les témoins pour *le fait propre.* On les remit entre les mains d'un fergent, lequel après les avoir gardées deux jours, dit *qu'il ne les pouvoit exploiter, parce que M. du Bonnet Conſeiller audit parlement, beaufrere de la dame de Breſſac, & M. Guillet l'avoient menacé de le mal-traiter, & de le faire mettre en prifon s'il le faifoit.* On tenta les autres fergens, & on leur promit tout l'argent qu'ils demandoient. Quelquesuns refuferent mefme d'accepter; d'autres prirent les lettres, & les rendirent enfuite avec la mefme reponfe que le premier. Ce qui obligea le Promoteur, après diverfes comparutions qu'il fit devant ce juge pour ce fujet, de luy demander qu'il luy pluſt enjoindre à fon greffier d'aller luy mefme faire injonction à tous les fergens de la ville qu'ils euſſent à aſſigner les témoins. Il le fit, mais les fergens refuferent d'obeïr, ayant plus d'apprehenfion de ces Meſſieurs parens de Mad de Breſſac, que d'un juge : de forte que le Promoteur ne pouvant faire autre chofe , demanda acte de tout ce que deſſus pour luy ſervir au Conſeil , ce qui luy fut accordé ; & il en a fait remettre le procés verbal au greffe du Conſeil , pour luy ſervir d'enqueſte.

Pendant ce temps là l'avocat du Promoteur au Conſeil ayant repreſenté les nullitez de l'arreſt du parlement de Grenoble du 21. Aouſt , & la grande playe qui eſtoit faite à la diſcipline de l'Egliſe par cet arreſt , en ce que ſur le fondemement d'une abſolution *ad cautelam* il rétabliſſoit des excommuniez dans les fonctions de leurs ordres, la matiere diſcutée par Mʳˢ de Lauzon , de Morangis , & de Boucherat , Conſeillers d'Eſtat , au rapport de M. Molé M des Requeſtes commiſſaire à ce deputé , intervint arreſt le 24. Octobre 1664. par lequel il eſt ordonné *qu'aux fins de la requeſte dudit Promoteur* (qui eſtoit la caſſation de l'arreſt de Grenoble) *les parties ſeroient aſſignées au Conſeil à 6. ſemaines , pour au rapport du ſieur Commiſſaire qui ſera à ce deputé , leur eſtre fait droit ainſi qu'il appartiendra par raiſon ; & que conformcment audit arreſt du Conſeil du 22. Septembre dernier il ſera informé du fait propre , & parentez contenuës en iceluy. Cependant fait ſa Majeſte defenſes auſdits de l'Eſtang & Rives de mettre a execution ledit arreſt du parlement de Grenoble du 21. Aouſt dernier , & de faire aucune fonction eccleſiaſtique , ny de s'immiſcer en la poſſeſſion & jouiſſance de leurs benefices.*

Avant que de ſignifier cet arreſt M. l'Eveſque d'Alet fit tout ce qu'il put pour faire rentrer ces deux Chanoines dans leur devoir. Il y eut pour cela diverſes propoſitions d'accomodement ; & M. de l'Eſtang pere , que la mort ſubite de ſon gendre avoit touché , ayant témoigné qu'il nommeroit pour arbitre M. l'Eveſque de Comenges , M. d'Alet dit qu'il remettroit auſſi entierement la cauſe de ſes officiers entre les mains de ce Prelat , & tout l'intereſt que luy meſme y pouvoit avoir. Cette franchiſe donna de la défiance à M. de l'Eſtang. Il voulut des prealables qu'il ſçavoit bien qu'on n'accorderoit pas, parce qu'ils ruïnoient entierement la diſcipline, pour avoir lieu de rompre tout traité. De certaines gens qui trouvoient de l'avantage dans cette diuiſion, faiſoient eſperer à M. le Doyen tout ſupport du coſté de la Cour , & ne luy promettoient pas moins que l'accablement entier de M. d'Alet. C'eſt pourquoy il n'avoit garde de s'en remettre à des arbitres , parce qu'il connoiſſoit bien qu'il n'avoit aucun droit , & que ſes violences & les calomnies qu'il avoit publiées contre ſon Eveſque , ne meritoient pas vn mediocre chaſtiment.

Ainſi toutes les voyes que la charité avoit pu ſuggerer pour faire rentrer ces Mʳˢ dans un accommodement , ayant eſté inutiles, on leur fit ſignifier cet arreſt. M. le Doyen s'en vint incontinent à Paris, ſe mit entre les mains de ceux qui luy avoient promis toute ſorte d'appuy ; & il prit pour conſeillers deux eccleſiaſtiques, que leur vie & leur conduite a rendus infames.

Le premier eſt le ſieur de Sournia, Chanoine de Narbonne, qui s'eſt fait deputer à Paris, pour ſoutenir contre ſon Archeveſque le pretendu indult de ſon Chapitre de tenir des Cures auec des Canonicats ; ce qui eſt contre tout droit divin & humain. Sept ou huit mois apres qu'il fut venu à Paris, il fit venir de Narbonne une concubine qu'il y entretenoit depuis 20. ou 25. ans au grand ſcandale de toute la ville, & & dont il a eu deux filles, qui ſont dans un monaſtere de Languedoc. Auſſytoſt que cette femme fut arrivée, il la logea à l'hoſtel de Toulouſe, qui eſt l'auberge où il demeure. Il la fit paſſer pour ſa niece, la faiſant appeller Madame de S. Marçel, qui eſt le nom d'une Cure qu'il poſſede avec ſon canonicat dans le dioceſe de Narbonne ; & c'eſt ainſy qu'elle eſtoit appellée à Narbonne, pour apprendre à toute la province combien il eſt neceſſaire qu'il ait une Cure avec ſa prebende, puiſqu'elle luy ſert encore à entretenir les deux freres de cette miſerable, dont l'aiſné ſe nomme le Marquis de S. Marcel. Elle a demeuré deux ans & demy avec luy dans cet hoſtel de Toulouze, iuſqu'à ce qu'ayant paru un écrit ſur l'affaire qu'il a avec M. de Narbonne, où ſa vie eſt depeinte, ſur l'avis qu'il eut que M. le Curé de S. Euſtache en eſtoit informé, & qu'il devoit venir chez luy pour en chaſſer cette niece pretendüe, qui va impudemment ajuſtée comme une princeſſe, & ſe fait porter la queüe, il prevint cette viſite, & la mit dans une maiſon tout proche de là, où il eſt ſans ceſſe. Voila quel eſt le principal conſeiller de M. le Doyen, parceque cet Eccleſiaſtique ſcandaleux a conçeu une haine mortelle contre M. l'Eveſque d'Alet, acauſe des reglemēs qu'il a faits en une Cure qu'ils poſſede dans le dioceſe d'Alet, ſans qu'on ait pu ſçavoir par quel titre, & que ce Prelat a eſté obligé d'interdire ſon pere & ſes freres qui ſont de ſon dioceſe, pour n'avoir pas ſatisfait au commandement de l'Egliſe de communier à Paſques, & ne s'eſtre pas mis en eſtat qu'on les y puſt recevoir, le pere n'ayant pas voulu faire les reſtitutions auſquelles il a eſté condamné par un jugement ſolemnel dont il n'a point reclamé, ny les enfans reparer les ſcandales publics qu'ils ont donnez. Toutes ces cauſes, outre une vie debordée naturellement ennemie de la ſainteté, l'ont tellement aigry contre M. d'Alet, qu'il n'en parle jamais qu'avec des emportemens effroyables ; & que c'eſt chez luy que ſe dreſſent tous les actes des gentilshommes *ſyndiquez*, & des Reguliers revoltez contre ce Prelat, le demon n'ayant pu trouver d'inſtrument plus propre à répandre les calomnies dont il a taché en vain de noircir une vie ſi pure & ſi ſainte.

L'autre fidele conſeiller de M. le Doyen, eſt un nommé la Rade, qui s'eſtant intrus dans la Theologale de l'Egliſe collegialle de S. Paul, dont il eſt entierement incapable ; & ayant eſté interdit des ſacremens & de l'entrée de l'Egliſe par M. l'Eveſque d'Alet, parceque n'eſtant pas Preſtre, il avoit eſté trouvé dans la viſite de la paroiſſe de S. Paul au nōbre de ceux qui n'avoient pas cōmunié à Paſques, il ſe vint jetter à Toulouze entre les bras de ceux qu'il sçavoit n'aimer pas M. d'Alet, & qui se sont servis de luy pour décrier ce Prelat par les plus noires calomnies en toutes sortes de matieres. Il s'en vint ensuite à Paris loger dans le college de Clermont, où il trouva des directeurs qui le porterent à prendre les ordres, tout interdit qu'il estoit par son Evesque pour la cause du monde la plus juste.

Vn des conseils qu'on luy donna pour le pouvoir faire, fut de trouver quelque amy qui luy prestast un benefice hors du diocese d'Alet, pour se faire ordonner sur ce titre. Mais ayant trouvé moyen de permuter sa Theologale avec une Cure du diocese de Rennes, on luy fit obtenir par surprise un dimissoire de M. l'Evesque de Rennes, sur lequel neanmoins il ne put recevoir les ordres à Paris, parceque MM. les Vicaires Generaux qui avoient oüy parler de luy n'y voulurent pas consentir. De sorte qu'il fut reduit à employer le credit de ses bons amis auprés de M. l'Evesque de Babilonne qui demeure dans le fauxbourg S. Germain, lequel le fit soudiacre sans la permission & contre la volonté de MM. les Vicaires Generaux de Paris: & quoy que M. l'Evesque de Rennes ayant appris qui estoit ce La Rade, le sommast de luy rendre son dimissoire, pour empescher qu'il ne prist le diaconat & la prestrise, il passa outre estant demeuré caché, & n'ayant paru devant ce Prelat qu'estant déja Prestre; aprés quoy s'en estant allé en sa Cure pour s'en mettre seulement en possession, il la donna à un jeune homme de 23. ans, chargée d'une pension de cent escus, outre une autre de mesme somme, que celuy de qui il la tenoit s'estoit reservée, quoy qu'elle ne soit affermée que 800. l. tout cela ne se faisant que pour palier la vente qu'il a faite de ce benefice, dont il a touché une somme considerable d'argent six mois aprés. C'est encore une des personnes du monde à qui le diable a inspiré une plus horrible passion contre M. l'Evesque d'Alet. C'est luy qui fournit les memoires aux Gentilshommes, aux Reguliers, & à tous ceux qui le haïssent Il travaille les nuits entieres à composer des écrits, & à inventer des calomnies contre ce Prelat, & s'il estoit necessaire on nommeroit bien les personnes a qui on les y a veu porter.

M. le Doyen avec un si bon conseil fit dresser la requeste pleine de mensonges & de calomnies, sur laquelle est intervenu l'arrest du conseil d'estat. Il la presenta à plusieurs de Mˢ les Mˢ des Requestes du quartier de Ianvier qui la refuserent. Il n'y en eut qu'un qui s'en voulut charger. Mais en ayant conferé selon l'ordre du Conseil avec M. Molé qui avoit donné l'arrest precedent, il demeura d'accord qu'on ne pouvoit ordonner qu'un *sommairement oüy, & joint*, les deffenses de l'arrest du 24. Octobre demeurant. Ce qui ne plaisant pas à M. le Doyen, il chercha une autre voie pour venir à bout de ses injustes pretentions.

On sçait quelle estoit alors la disposition de la Cour envers M. d'Alet, a cause de la lettre qu'il avoit écrite à sa Majesté. Ceux qui

témoignent en toutes occasions que leur plus grand defir feroit d'ac-
cabler ce Prelat, n'avoient garde de manquer cellecy. Ils prefenterent
M. le Doyen d'Alet aux puiffances, comme le martyr du formulaire.
On ne parla que de violences, d'oppreffion, de vexation, de perfe-
cution a caufe du Formulaire. Et ainfi pour avoir juftice on refolut qu'il
falloit prefenter un placet au Roy, où on ne manquaft pas de bien
faire valoir cette raifon capitale du Formulaire, comme eftant le vray
fujet de l'excommunication & de l'emprifonnement de ce *pauvre
doyen fi cruellement perfecuté pour l'avoir figné,* à ce qu'ils difoient) *en confequence de la declaration de fa Maiefté.*

C'eft ce que luy, & le fieur Rives executerent peu de jours aprés
dans un placet qu'ils prefenterent au Roy, où ils fuppofent que M.
*d'Alet les a excommuniez, & enfuite emprifonné le Doyen, pouffé d'un reffen-
timent extrême, de ce qu'ils avoient figné le Formulaire en confequêce du bref
de fa Sainteté & des declarations du Roy.* Comme cette fauffeté eft capitale, & qu'elle fait voir manifeftement l'efprit de la caballe qui fait joüer
tant de reffors contre M. l'Evefque d'Alet, il eft bon de reprefenter ce
placet entier, afin que fa Majefté juge par les fauffetez qu'il contient, & furtout par celle qui regarde la fignature du Formulaire, qui
eft la plus impudente de toutes, de quelle forte on a furpris fa religion.

PLACET PRESENTE' AV ROY
par les Sieurs de l'Eſtang & Rives.

IRE,

IACQVES Iofeph de
Mainard de l'Eftang
Preftre docteur en Theo-
logie Chanoine & Doy-
en l'Eglife cathe-
drale d'Alet, & Fran-
çois Rives Preftre Cha-
noine & [a] fcyndic dudit

ᵃ. Il ne l'eft point, c'eft une fauffe qualité qu'il fe donne
pour agir au nom du Chapitre qui l'a defavoüé.

b. Ils appellent oppression la simple resistence qu'on a faite à leurs attentats contre la jurisdiction de l'Eglise en general, & la liberté du Chapitre d'Alet en particulier, qu'ils ont voulu reduire à deux ou trois personnes, & en exclure tous les autres, pour les causes du monde les plus impertinentes.

c. Insigne calomnie contre un saint Evesque, qui leur a laissé toute liberté d'appeller de ses ordonnances, & a mesme trouvé bon qu'on les fist consulter, s'offrant de les reformer luy-mesme, si le Conseil trouvoit qu'elles continssent quelque chose contre les droits legitimes du Chapitre.

d. On voit aisément d'où viennent ces termes : C'est ainsi qu'on décrie ce qu'on ne peut raisonnablement combatre. Le mot de *doctrine particuliere* suffit aujourd'huy pour rendre suspectes les plus saintes veritez: mais il est icy bien mal employé, puis qu'il s'agit de reglemens, où il n'y a pas un mot de doctrine, mais seulement de discipline.

e. On ne peut rien rétablir dans la discipline de l'Eglise, qu'on ne ruine par cette raison. Car il suffira de dire que cela est *contre l'usage*, puis que s'il estoit en usage, il ne seroit pas necessaire de le rétablir.

f. Le Chapitre d'Alet n'a aucuns privileges ny exemptions; & ainsi c'est une illusion visible de dire que ces ordonnances sont *contre les privileges dudit Chapitre*.

g. Autre cause du ressentiment de M. d'Alet contre les Supplians, qui en haine de cela, à ce qu'ils pretendent, les a excommuniez & emprisonnez, qui est, *qu'ils avoient signé le Formulaire en consequence de la declaration du Roy* du mois d'Avril 1664. C'est ce qu'on a cru devoir toucher davantage sa Majesté, & c'est une horrible imposture, comme on fera voir plus bas.

h. Il est faux qu'on les ait excommuniez, ou pour avoir appellé des ordonnances, ou pour avoir signé le Formulaire. Et il est encore faux que ç'ait esté autre que l'Official d'Alet à la requisition du Promoteur qui les a declarez excommuniez, pour avoir transporté la jurisdiction ecclesiastique à des juges seculiers, contre les canons & les ordonnances du royaume, M. d'Alet qui estoit alors absent n'ayant point eü de part à cette sentence.

i. Ils supposent faussement que M. d'Alet leur ait refusé l'absolution *ad cautelam*; mais ç'auroit esté ruiner toute la discipline de l'Eglise, que d'approuver celle qu'ils ont esté receuz dans une autre province par le Grand Vicaire d'un Chapitre le siege vacant.

k. Etrange fausseté, que M. d'Alet ait declaré nulle l'absolution *ad cautelam* donnée par le Metropolitain; puisque ce sont eux au contraire qui ont appellé comme d'abus de l'ordonnance par laquelle ce Metropolitain a renfermé l'absolutiõ *ad cautelam* qu'il leur avoit donnée dans son usage legitime.

l. Autre fausseté, que M. l'Evesque d'Alby *ait esté commis par un Bref de sa Sainteté à cét effet*, c'est à dire, pour juger de la validité de l'excommunication : au lieu qu'il n'a esté commis que pour juger de l'appel des ordonnances : de sorte qu'il ne faut pas s'etonner si on n'a pas eü d'egard à ce qu'il a voulu attenter sur une autre affaire, sur laquelle il estoit notoirement incompetant.

m. Ce n'est point M. d'Alet qui a fait emprisonner M. le Doyen. Il estoit absent lors que cela se fit pour empescher la continuation du scandale qu'il avoit déja commencé de faire, en troublant le service de l'Eglise cathedrale. Et cependan on fait croire au Roy, que non seulement c'est M. d'Alet qui a fait emprisonner; mais de plus qu'une des principales causes pour lesquelles ce Doyen a esté emprisonné, est *qu'il avoit signé le Formulaire en consequence de la declaration de sa Majesté*: ce qu'on fera voir estre un mensonge plein d'effronterie.

Chapitre, ont recours à voftre Majesté avec toute la soumission possible pour la supplier tres-humblement de les tirer b de l'oppression la plus insigne qui puisse jamais estre faite à des Ecclesiastiques par leur Evesque, lequel c poussé d'un ressentiment extréme de ce qu'ils se sont portez appellans de quelques ordonnances par luy renduës dans l'esprit d'une d doctrine particuliere, & contre e l'usage de l'Eglise, & les f privileges dudit Chapitre, & de ce g qu'ils ont signé le Formulaire en consequence du Bref de sa Sainteté, & des declarations de vostre Majesté, les a h excommuniez, & declaré nulles les absolutions qu'ils avoient receües i à son refus tant du Grãd Vicaire de Toulouze, & du k Metropolitain de Narbonne, que du sieur Evesque d'Alby l commis par un Bref de sa Sainteté à cet effet, & au prejudice desquelles & des arrests par eux obtenus il y a m detenu ledit Doyen prisonnier pen-

n. M. le Doyen ne s'en doit prendre qu'à luy-mesme s'il a esté trois mois en prison. Il en seroit sorty dés le lendemain, s'il avoit voulu reconnoître l'Official d'Alet, comme il y estoit obligé, sauf à luy d'appeller de ce qu'il auroit ordonné.

o. Il est tres faux qu'on ait usé envers luy d'aucune dureté. Il estoit aussi bien logé & aussi bien traité (à la detention près) que M. l'Evesque d'Alet.

p. Estant excommunié pour de tres justes raisons, il n'y a rien de plus ridicule que de faire passer pour une extrême dureté de ce qu'on ne luy faisoit pas entendre la Messe.

q. Il n'a pas esté un moment prisonnier qu'il n'en ait porté ses plaintes; mais il s'est long-temps opiniâtré à les porter devant un juge dont l'incompetence estoit manifeste.

r. On luy portoit tout les jours pour sa nourriture comme à M. d'Alet. S'il appelle cela manquer des alimens necessaires, il faut qu'il étende bien loin cette pretenduë necessité.

s. Quelle fausseté! Ce sont eux qui ont quitté le tribunal de l'Eglise pour s'addresser à la justice seculiere, & qui ont porté cette cause au parlement de Grenoble, & ils osent dire que *c'est M. d'Alet qui s'y est adressé, croyant y pouvoir continuer ses vexations, parce qu'il y a beaucoup d'amis:* au lieu que ce sont les amis que M. le Doyen y a trouvez par des considerations humaines & temporelles, qui luy ont fait obtenir l'arrest insoûtenable qui y a esté rendu. C'est d'où est venuë la pretenduë lumiere qui a éclairé ces juges.

t. On fait croire par là à sa Majesté que cét arrest a jugé le fond: au lieu qu'il n'est que sur un incident, qui n'a pû estre valablement jugé qu'en jugeant le fond.

u. On n'a aucun lieu d'accuser de surprise l'arrest du Conseil du 24. Octobre dernier, qui a esté donné avec une tres grande connoissance de cause, & par de tres habiles gens, pour empescher la ruine de la discipline de l'Eglise, qui suivoit necessairement de cét arrest de Grenoble.

x. Cette extremité est imaginaire, n'estant pas vray qu'ils soient privez, comme ils le font entendre à sa Majesté, de tout le revenu de leurs benefices. Car M. le Doyen tire librement tout le revenu de son Doyenné, c'est à dire, 700. escus au moins; & il ne perd que *la presence*, qui vaut environ 100. escus, ce qui est distribué *inter præsentes* par la bulle de secularisation. Mais quand ils perdroient tout, ils n'ont qu'à rentrer dans leur devoir pour joüir de tout

y. Cela est bien croyable qu'un Evesque éloigné depuis 25. ans de 200. licuës de Paris, ait tant de faveur au Conseil du Roy, qu'on ne puisse obtenir justice contre luy, lors mesme qu'on est appuyé par des gens qui sont plus capables d'empescher qu'on n'obtienne justice contre ceux qu'ils protegent, que de les laisser opprimer faute de credit.

dant plus de n trois mois dans sa maison episcopale avec toute o la dureté imaginable, jusqu'à luy oster la consolation p d'entendre la sainte Messe, afin qu'il n'eust pas le moyen q de porter ses plaintes, & le priuer r des alimens les plus necessaires. Ledit sieur Evesque s'est aussi s adressé au parlement de Grenoble, où il a beaucoup d'amis croyant y pouvoir continuer ses vexations. Mais Dieu a éclairé les juges, & leur a fait donner un arrest côtradictoire apres quatre audiences t à l'avantage des Supplians; ce qui a obligé ledit sieur Evesque de presenter sa requeste en vostre Conseil privé, sur laquelle il a obtenu un arrest u par surprise qui en sursoit l'execution, & ordonne qu'ils seront interdits de leurs fonctiõs ecclesiastiques, & privez des revenus de leurs benefices; ce qui les reduiroit x à la derniere extremité Et ne pouvant y obtenir la justice qui

leur est deuë en vostre Conseil privé a cause de la protectiõ extraordinaire des parens & amis dudit sieur Evesque d'Alet, ils implorent l'authorité royalle de vostre Majesté; & luy demãdent la grace de leur dõner de commissaires de vostre Conseil royal tels qu'il plaira à vostre Majesté, afin que sur le rapport qui luy sera fait de l'estat deporable où ils sont reduits, & de la verité de ce qu'ils osent exposer à vostre

H

Majefté,qu'ils offres de juftifier par une infinité de pieces autentiques, il plaife à voftre Majefté leur pourvoir , ainfi qu'elle le jugera jufte & raifonnable. Et ils continüeront leurs vœux & prieres pour la profperité & fanté de voftre Majefté.

C'Eft le comble de la hardieffe de finir ce placet en s'offrantde *ju-ftifier par une infinité de pieces autentiques la verité de ce qu'ils y ont ofé* , c'eft leur terme , *expofer à fa Majefté.* On laiffe les autres menfonges qu'on a marquez en peu de paroles , & qu'on eft affuré qu'on ne fçauroit couvrir en aucune forte. On s'arrefte à celuy qu'ils ont cru devoir faire plus d'impreffion fur fa Majefté , qui eft que M. d'Alet avoit excommunié & emprifonné le Doyen de fon Eglife ,en haine de ce qu'il avoit figné le Formulaire en confequence de la declaration du Roy. Par quelles *pieces autentiques* juftifieront-ils ce fait, non feulement faux , mais impoffible, comme il eft aifé de le montrer par la feule infpection des dattes ? Car ces Meffieurs ont efté declarez excommuniez le 9.Novembre 1663.Les abfolutions·, aufquelles ils fe plaignent qu'on n'a pas eu égard,font du mois deDecembre de la mefme année,ou de Fevrier & de Mars de la fuivante. L'emprifonnement du Doyen eft arrivé le 18. Mars 1664. Et la declaration du Roy pour la fignature du Formulaire n'eft que du mois d'Avril fuivant , & n'a efté publiée dans le Languedoc qu'au mois de Iuillet , & dans le diocefe d'Alet qu'au mois d'Aouft.

Voicy donc ce qu'on a ofé faire croire à faMajefté,pour faire entrer le Ianfenifme dans cette affaire , ce qui eft un remede fouverain pour relever les caufes les plus deplorées. On luy dit comme une chofe qui fe peut *prouver par des pieces autentiques*, que la fignature du Formulaire , que l'on fuppofe que ces Meffieurs ont faite en confequence de la declaration de fa Majefté (ce qui n'auroit pu eftre au plutoft , quand mefme leur zele auroit prevenu la publication de cette declaration dans la province , qu'environ le mois de May de l'an 1664.) a efté caufe que M. d'Alet les a excommuniez, a refufé de deferer à des abfolutions données en leur faveur, & a fait emprifonner l'un d'eux ; qui font toutes chofes qui eftoient arrivées les unes un mois ou deux , les autres quatre , les autres fix avant la declaration duRoy fur le fujet du Formulaire. N'eftce pas attribuer à M. d'Alet un merveilleux don de prophetie, de vouloir qu'il ait eu de fi vifs reffentimens d'une chofe qui n'eftoit pas encore arriuée, & qu'il l'ait punie fi feverement trois ou quatre mois avant qu'elle euft pu fe faire?

Mais celuyqui leur a donné ce beau confeil de fe faire honneur de la fignature duFormulaire,comme eftant la caufe des perfecutions qu'ils avoient fouffertes , ne fongeoit pas qu'ils avoient eux mefmes par avance détruit ce menfonge par deux *pieces bien autentiques*. Car il eft ſi faux que la ſignature du Formulaire ait rien contribué à les faire ou excommunier, ou empriſonner, que le 20. d'Octobre dernier, c'eſt-adire 11. mois & plus depuis l'excommunication, & 7. depuis l'empriſonnement, ils firent ſignifier un acte à M. d'Alet côme j'aydit,où bien loin de ſe plaindre qu'il les euſt perſecutez, excommuniez, empriſonnez,pour avoir ſigné leFormulaire,ils ſe plaignent au contraire qu'ils ne l'ont pas encore ſigné, & ils le ſomment *de vouloir faire porter ledit Formulaire en un lieu de liberté, afin qu'ils y puiſſent faire leur ſignature ſuivant la declaration de ſa Majeſté du mois d'Avril 1664.* laquelle ils firent enſuite devant le Senechal de Limoux le 29. du meſme mois d'Octobre, comme il paroiſt par l'extrait de leur ſignature qu'ils ont eux meſmes remiſe au procés.

Ce placet n'euſt donc eſté propre qu'à attirer l'indignation de ſa Majeſté ſur ceux qui le luy preſentoient, ſi elle euſt eſté avertie des fauſſetez qu'il contenoit. Mais comme il n'y a point de perſonnes ſi intelligêtes & ſi éclairées qui ne puiſſent eſtre trompées par de fauſſes ſuppoſitions,celles de ce placet n'eſtant contredites par perſonne, & eſtant au contraire accompagnées de recommendations tres puiſſantes, eurent leur effet; & la bonté du Roy ſe trouva portée à tirer deux Eccleſiaſtiques *de la plus inſigne oppreſſion qui fut jamais.* Car c'eſt ainſi qu'il en devoit juger, à ne lire que leur placet, ou leur requeſte.

On avoit déja commencé d'inſtruire le procés devant M. Pelletier de la Houſſaye, qui avoit eſté nommé par M. le Chancelier dans les formes ordinaires. Mais ce placet rempli de menſonges ayant donné à ſa Majeſté une tres fauſſe idée de cette affaire, elle crut en devoir prendre un ſoin particulier: deſorte que M. le Chancelier eut ordre de nommer M. Voiſin Prevoſt des Marchands, auquel le Roy en meſme temps ordonna de ſe charger de la requeſte du Doyen d'Alet, pour la rappotter au Conſeil du Commerce devant ſa Majeſté.

Le Promoteur en eut avis. Il fut trouver M. Voiſin, & le ſupplia de luy donner communication de cette requeſte pour y répondre ſur le champ, ce qu'il luy refuſa en diſant qu'il en devoit faire ce jour là meſme le rapport au Roy. Le Promoteur luy repreſenta l'importance de cette affaire: qu'elle regardoit toute l'Egliſe: que M. le Doyen vouloit faire prejuger une queſtion ſur une requeſte ſans oüir parties, où il s'agiſſoit d'un des plus importans points de la diſcipline. Il en convint, mais il ajoûta qu'il ne pouvoit faire autre choſe. Et ainſi ſans que le Promoteur ait eſté oüy, le Roy touché par les plaintes de ces deux excommuniez, qu'il ſuppoſoit veritables, rendit le 13. Mars l'arreſt qui leve les deffenſes portées par celuy du 24. Ooctobre, ayant cru que cela eſtoit neceſſaire pour les tirer *de la derniere extremité* où ils faiſoient entendre *qu'ils eſtoient reduits:* mais ce fut ſans toucher au fond de l'affaire, qui demeure toujours indecis; puiſqu'il n'a eſté rien prononcé fur l'inftance, qui n'eft autre que la caffation de l'arreft du parlement de Grenoble du 21. Aouft 1664. comme eftant capable s'il n'y eft pourveu, de renverfer toute la difcipline de l'Eglife, ainfi qu'on verra par la 2. partie de cet avertiffement, qui contiendra les moyens de droit.

Vincent Ragot Preftre Promoteur d'Alet.   *Ronßin.*

SECONDE PARTIE

d'Avertissement, contenant les moyens de Droict que met & produit pardevers le Roy & Nosseigneurs de son Conseil

Messire Vincent Ragot, Prestre, Docteur en Droict Canonique, Promoteur de l'Eglise & Diocese d'Alet, Deffendeur & Demandeur.

Contre Messires Iacques Ioseph de Maynard de l'Estang, Prestre, Doyen & Chanoine de l'Eglise Cathedrale dudit Alet, & François Rives, aussi Prestre & Chanoine de la mesme Eglise, Demandeurs & Deffendeurs.

LES moyens de Droict qui font voir la justice de la cause du Promoteur, se peuvent reduire à cinq questions.

La 1. generale, si c'est un sujet legitime, de declarer un Ecclesiastique excommunié, d'avoir transporté à des Iuges seculiers la jurisdiction de l'Eglise dans une cause purement Ecclesiastique.

La 2. particuliere, si Messieurs de l'Estang & Rives se font en effet rendu coupables de ce transport de la jurisdiction de l'Eglise, qui est puny de l'excommunication par les Canons.

La 3. si ayant esté absous *ad cautelam*, ou par un Grand Vicaire de Toulouze, ou par M. d'Alby, ils ont pû ensuite faire les fonctions de leurs Ordres.

La 4. si le Chapitre les a dû croire legitimement rétablis, & communiquer avec eux *in divinis*, sur cette pretenduë absolution de M. d'Alby, sans estre plus informez du pouvoir de cét Evesque, & de la validité le l'absolution.

La 5. s'il y a de veritables griefs dans les Ordonnances de visite de M. l'Evesque d'Alet, & si ces pretendus griefs peuvent excuser la conduite scandaleuse, & emportée que M. le Doyen a tenuë sur ce sujet.

I. QVESTION GENERALE.

La premiere question est de sçavoir, Si un Ecclesiastique peut pour une cause purement Ecclesiastique intenter une action, ou traduire d'autres Ecclesiastiques en premiere Instance pardevant des Iuges Laïques, & s'il y a des peines Canoniques, & principalement celle de l'excommunication decernées contre ceux qui commettent cette faute, non seulement par le Concile de Narbonne, mais aussi par d'autres Decrets & Canons de l'Eglise.

Il est constant qu'il a toûjours esté deffendu dans l'Eglise aux Ecclesiastiques, d'intenter des actions pour des causes purement Ecclesiastiques contre leurs Confreres, & de les traduire devant les Tribunaux seculiers; & que l'Eglise a imposé des peines Canoniques, & mesme celle de l'excommunication contre ceux qui commettent de telles fautes.

Ie pourrois commencer par le II. Concile de Rome sous S. Sylvestre, qui parle ainsi au Can. 16. *Nemo Clericus, aut Diaconus, aut Presbyter propter causam suam qualibet intret in curia: Quod si quis Clericus in curia intraverit anathema suscipiat, numquam rediens ad matrem Ecclesiam:* Et c'est des Cours seculieres que ce Concile parle, & dans lesquelles il defend aux Ecclesiastiques sous peine d'anatheme de faire decider leurs causes. Mais il est douteux si ce Concile n'est point supposé, quoy qu'on puisse dire que ce Canon ayant esté depuis inseré dans le Droict canonique, on le peut alleguer comme estant d'ailleurs trés conforme aux autres Canons.

Mais en voicy qu'on ne peut soupçonner de faussetté. Le Concile general de Calcedoine au Canon 9. rapporté par Gratien en la cause 11. quest. 1. *Si quis Clericus adversus Clericum habeat negotium, non deserat proprium Episcopum, & ad secularia percurrat judicia: sed prius actio ventiletur apud Episcopum proprium, vel certe consilio ejusdem Episcopi apud quos utræque partes voluerint judicium obtinebunt. Si quis autem præter hæc fecerit, canonicis correptionibus subjacebit.* Et le mesme Concile a pourveu au cas que l'on pourroit alleguer, & aux difficultez qui se pourroient trouver si l'Evesque estoit partie en la cause, & que ce fust contre luy que l'on auroit à agir. *Quod si Clericus habet causam adversus Episcopum proprium, vel adversus alterum, apud Synodum Provinciæ judicetur. Quod si adversus ejusdem Provinciæ Metropolitanum Episcopus aut Clericus habet querelam, petat Primatem Diœceseos, aut sedem regiæ urbis Constantinopolitanæ & apud ipsam judicetur.*

Les mesmes Ordonnances & les mesmes Deffenses ont esté faites en plusieurs autres Conciles, & particulierement en ceux de France, comme entr'autres dans celuy d'Angers de l'an 453. qui semble avoir esté tenu en partie pour s'opposer à l'execution d'un Edict de l'Empereur Valentinien III. publié à Rome l'année precedente 452. par lequel il estoit à craindre qu'on n'eust voulu priver le Tribunal Ecclesiastique de sa Iurisdiction pour les causes qui luy étoient propres, comme estoient celles des Clercs, en y reservant seulement la connoissance des causes qui regardoient la Religion & la Foy.

Et on voit qu'environ le mesme temps, Leon Archevesque de

Bourges, Euſtoche Archeveſque de Tours, & Victurius Eveſque du Mans, écrivant à d'autres Eveſques, leur parlent en ces termes ſur ce meſme ſujet : *Cenſuimus ut quicumque prætermiſſo Sacerdote Eccleſiæ ſuæ ad diſceptationem venerit ſæcularem, ſacris liminibus expulſus à cœleſti arceatur altario. Neque ullus poſt hanc definitionem, quæ communi cedit arbitrio quicquam ſibi ultra præſcriptum vindicare nitatur. Ita fiet ut & qui ante erraverunt congrua emendatione ſe corrigant, & quiſquis ſub obſervatione Clericali cœleſti ſervire probatur officio, ex clericum habendum ſe norit ſi prætermiſſo ſacerdotum judicio ſæcularem adierit poteſtatem.* Il paroiſt que ces trois Eveſques rendent conte aux Eveſques de la Province de Tours, auſquels ils écrivent, d'un Decret nouveau de quelque Concile ; & il n'y a pas d'apparence que ce ſoit de celuy d'Angers ; parce que Cariathon, qui eſt l'un de ceux à qui ils écrivent, y avoit aſſiſté. De ſorte que ce ſeroit plûtoſt de quelque Concile tenu à Bourges, où ces deux Eveſques Euſtoche & Victurius de la Province de Tours ayant aſſiſté, ils auroient jugé en devoir informer leurs Collegues.

Le Concile d'Arles que le P. Sirmond nomme le II. & qu'il croit avoir eſté tenu du temps de S. Leon, quoy que d'autres le faſſent plus ancien, ne parle pas avec moins de force ſur ce ſujet en ſon Canon 31. *Si quis Clericorum religionis negotia, vel ſpiritales cauſas Eccleſiæ ad ſæcularia patrocinia relictà Synodo tranſire præſumpſerit, excommunicatione omnium ac deteſtatione dignus habeatur.*

Le Concile de Vannes en Bretagne de l'an 465. c. 9. *Clericis niſi ex permiſſu Epiſcoporum ſuorum ſæcularia judicia adire non liceat. Sed ſi quis fortaſſe Epiſcopi ſui judicium cœperit habere ſuſpectum .... aliorum Epiſcoporum audientiam non ſæcularium poteſtatum debebit ambire. Aliter à communione habeatur alienus.*

Le Concile d'Agde de l'année 506. c. 8. que Gratien rapporte en la cauſe 21. qu. 5. *Placuit ut Clericus ſi relicto officio ſuo propter diſtrictionem ad ſæcularem fortaſſe confugerit, & is ad quem recurrit ſolatium ei defenſionis impenderit, cum eodem de Eccleſiæ communione pellatur.*

Le Concile d'Auxerre de l'an 578. c. 35. deffend auſſi à tous les Eccleſiaſtiques d'attirer un autre Eccleſiaſtique devant les Iuges ſeculiers.

Et le Concile de Maſcon de l'an 581. c. 8. y ajoûte de grandes peines. *Ut nullus Clericus ad judicem ſæcularem quemcumque alium fratrem de Clericis accuſare, aut ad cauſam dicendam trahere quocumque modo præſumat ; ſed omne negotium Clericorum aut in Epiſcopi ſui, aut in Presbyterorum vel Archidiaconi præſentia finiatur. Quod ſi quicumque Clericus hoc implere diſtulerit, ſi junior uno minus de 40. ictus accipiat, ſin certe honoratior 30. dierum Concluſione mulctetur.*

Le Concile de Vernon tenu l'an 755. ſous le Roy Pepin renouuel.

le au c. 18. ce Canon du 3. Concile de Carthage : *Qui relicto Eccle-*
siastico judicio publicis judiciis se purgare voluerit, etiam si pro illo prola-
ta fuerit sententia, locum suum amittat. Hoc in criminali judicio. In
civili vero perdat quod evicit, si locum suum obtinere voluerit. Cui enim
ad eligendos judices undique patet Ecclesiæ autoritas, ipse se indignum
fraterno consortio judicat, qui de universa Ecclesia male sentiendo, de
judicio sæculari poscit auxilium: cum privatorum Christianorum causas
Apostolus ad Ecclesiam deferri, atque illic terminari præcipiat.

Bochel dans son livre intitulé : *Decreta Ecclesiæ Gallicanæ*, rapporte un Synode tenu à Langres en 1004. qui traittant des cas reservez où il y a censure annexée met celuy-cy. *Omnes qui impediunt*
Ecclesiasticam jurisdictionem . . . . perturbantes recurrentes ad forū Eccle-
siasticum super casibus ad ipsam de jure vel de consuetudine spectantibus,
& compellunt ipsos ad desistendum, vel in foro sæculari litigandum, ipso
jure sunt excommunicati.

Et pour montrer qu'en ces derniers temps mesme, l'Eglise s'est
toûjours conservée dans la possession de cette discipline, on peut
voir ce qui en a esté ordonné par ces Conciles du dernier siecle.

Le 2. Concile de Treve de l'année 1549. chap. 16. en parle ainsi,
Districtè præcipiendo mandamus, ut nullus ecclesiasticam personam tra-
here ad judicium sæculare præsumat. Clericus vero Actor alium Cle-
ricum trahens ipso facto sententiam excommunicationis incurrat.

Celuy de Roüen de l'an 1581. en parle ainsi. *Cum & Canonicis & re-*
giis Constitutionibus jurisdictio Ecclesiastica semper sejuncta fuerit à sæ-
culari tam in personalibus ciuilibus, quam in criminalibus causis . . . . mo-
nemus Dominos judices seculares, ut dictis Canonibus pareant, nec falcem
in alienam messem mittant . . . . Præcipitur vero omnibus Ecclesiasticis
sub pæna excommunicationis ne coram judicibus laicis litigent in casibus
ad judices Ecclesiasticos pertinentibus sive actores, sive rei sint. Quod si
sententiam excommunicationis non veriti fuerint aliis canonicis pœnis
grauissimè puniantur.

Le Concile de Reims tenu en l'an 1583. fait aussi defenses aux Ecclesiastiques sous les peines portées par les Canons de plaider devant les Iuges seculiers en des matieres purement Ecclesiastiques.

Le Concile de Tours tenu en 1585. a fait aussi ce decret. *Sacrorum*
Conciliorum decretis jurisque communis dispositione cum sit cautum ne
Clericus adversus Clericum habens negotium Pontificem suum relinquat,
& ad secularem judicem trahat, omnibus Ecclesiasticis cujuscumque sint
dignitatis, status, qualitatis, aut conditionis ne Clericos saltem in sacris
ordinibus constitutos in actionibus quarum cognitio & judicium fori est
Ecclesiastici, relicto proprio Episcopo ad judices seculares trahat, sub
pæna anathematis prohibemus cui eos ipso jure & facto subjacere decla-
ramus, aliis à jure statutis nihilominus puniendos.

Enfin le Concile de Narbonne de l'an 1609. qui oblige encore

d'une maniere plus particuliere tous les Ecclesiastiques de cettePro-
vince, a renouvellé tous ces Canons anciens & nouveaux lors qu'il
ordonne dans son 42. ch. que les Ecclesiastiques qui intenteront un
procés à leurs Confreres en des matieres Ecclesiastiques feront excommuniez *ipso facto. Les gens d'Eglise,* dit ce Chapitre, *ne compa-
roistront devant aucun Iuge seculier pour plaider leurs causes, si elles sont
personnelles ou des affaires Ecclesiastiques, la Iurisdiction desquelles appartient au Iuge spirituel, si ce n'est pour demander leur renvoy pardevant leur Superieur: que si on le leur refuse appelleront à leur Iuge competant, n'obeïssant au commandement de ce Iuge seculier* A PEINE D'EX-
COMMVNICATION , LAQVELLE ENCOVRENT DE FAIT LES
ACTEVRS ECCLESIASTQVES OV LAÏQVES. Ce qui a esté renouve-
lé dans les Ordonnances Synodales du Diocese d'Alet n. 32. en ces
termes. *Conformement au decret du dernier Concile de cette Province
touchant la Iurisdiction Ecclesiastique; nous defendons à toutes personnes
tant Ecclesiastiques, que laïques de recourir aux Iuges seculiers pour les
causes purement Ecclesiastiques sur peine d'excommunication qu'ils encourent par le seul fait.*

Ce Concile
est imprimé
en Latin & en
François.

Et ainsi il est indubitable que si Messieurs le Doyen & Rives ont
eu recours aux Iuges seculiers pour une cause purement Ecclesiastique, on a dû selon les loix de l'Eglise les declarer excommuniez, &
qu'ils ne peuvent s'en defendre qu'en niant le fait, ce qui fait la seconde question sur laquelle il sera fort facile de les convaincre

SECONDE QUESTION PARTICULIERE.

La seconde question est de sçavoir, Si les Sieurs de l'Estang &
Rives ont en effet transporté la jurisdiction Ecclesiastique à des
Iuges seculiers, & sont tombez par ce moyen dans les Censures de
l'Eglise.

Il n'y a rien de si clair comme on a déja veu dans la premiere partie
de cét Avertissement. Mais pour oster les nuages que ces Messieurs
taschent de répandre sur cette affaire afin de couvrir leur crime &
l'attentat qu'ils ont commis contre l'Eglise, il ne faut que la representer encore en peu de paroles, & dans une hypotese détachée de
leurs personnes.

Vn Evesque dont le Chapitre n'a aucune exemption ny privilege,
fait des Ordonnances pour le Reglement de ce Chapitre qui y sont
receuës d'abord. Mais environ deux mois aprés une autre affaire
ayant aigry le Doyen contre l'Evesque, il se resout d'appeller de
ces Ordonnances, & de 9. Capitulans que comprend ce Chapitre
n'en ayant pû gagner que deux sur une fausse deliberation, il fait
signifier à l'Evesque un appel de ses Ordonnances au nom de tout le
Chapitre.

Cette hardiesse étonne les autres qui n'estoient point de cét avis:

Ils reclament contre cette fauſſe deliberation : ils deſavoüent cét appel fait en leur nom. Et neanmoins pour le bien de la paix, ils veulent bien que l'on conſulte ces Ordonnances, & qu'on prie l'Eveſque de les reformer ſi l'on y trouve quelque choſe de contraire aux droicts legitimes du Chapitre.

Voilà donc deux avis dans ce Chapitre : de neuf Capitulans, trois veulent appeller des Ordonnances, & les ſix autres veulent ſeulement qu'on les faſſe conſulter ; mais ils n'empeſchent pas que les trois autres n'en appellent ſi bon leur ſemble, pourveu que ce ſoit en leur particulier, & non pas au nom de tout le Corps. Et c'eſt ce que le Chef des trois autres ne peut ſouffrir. Il ne ſe contente pas qu'on le laiſſe appeller, s'il luy plaiſt, de ces Ordonnances en ſon nom, & de ſes deux adherans : il veut à toute force en appeller au nom du Chapitre, & pour cela chaſſer les ſix qui ne ſont pas de ſon avis, afin de faire eux trois tout le Chapitre.

Ce deſſein ſeul n'eſt-il pas auſſi injuſte qu'extravagant ; & peut-il tomber que dans un eſprit emporté & ennemy de toute juſtice ? mais les moyens qu'on employe pour l'executer ſont encore plus étranges. On ne trouve rien à reprendre dans ces ſix Chanoines, leurs mœurs ſont irreprochables & leur vie ſans tache ; comment donc les chaſſer & leur oſter le droict qu'ils ont d'opiner des affaires Eccleſiaſtiques qui ſe propoſent dans le Chapitre ? L'un deux, dit-on, demeure à l'Eveſché, & un autre au Seminaire ; il faudra dire qu'ils nous ſont ſuſpects comme eſtant à l'Eveſque. Cette pretenſion eſt ridicule, ſur tout ne s'agiſſant point d'une cauſe perſonnelle de l'Eveſque, mais des Ordonnances qu'il a faites pour le bien de ſon Egliſe : n'y ayant pas ſeulement la moindre raiſon de s'imaginer que parce qu'un Chanoine demeure dans la maiſon Epiſcopale qui devroit eſtre la demeure de tous les Chanoines, il n'ait plus de droict de dire ſon avis ſur des Ordonnances que l'Eveſque propoſe, d'y remarquer des difficultez s'il y en trouve, ou de les embraſſer avec reſpect s'il n'y en trouve point.

Il n'y eut donc jamais rien de ſi abſurde que cette penſée : outre que celuy qui la propoſe n'en doit pas eſtre crû s'il n'allegue des Loix & des Canons qui l'autoriſent.

Mais toute impertinente que fuſt cette propoſition, on n'avoit pas encore tout ce qu'on vouloit par là. Car quand ces deux Chanoines auroient eſté exclus, il en reſtoit quatre qui auroient fait encore la plus grande partie du Chapitre. Comment donc les exclure ? Il faut dire que les deux qui demeurent à l'Eveſché ou au Seminaire nous eſtant ſuſpects, & les quatre autres eſtant de meſme avis que ces deux là ne voulant pas non plus qu'eux appeller des Ordonnances, mais ſeulement les faire conſulter, ils doivent eſtre chaſſez auſſi bien qu'eux en qualité de leurs adherans.

Voilà une extravagance toute nouvelle, & dont les plus grands chicanneurs ne s'estoient jamais avisez jusques icy. Car qui a jamais oüy dire que six Iuges s'estant trouvez du mesme avis, s'il se découvre que l'un d'eux est parent de ma partie, j'aye droict de demander que non seulement celuy là ne soit plus Iuge ; mais que les cinq autres ne le soient plus aussi comme adherans de celuy là ? Cela est si hors de raison que celuy qui se servoit d'un pretexte si ridicule auroit parlé plus sincerement s'il avoit soûtenu, que ces quatre Chanoines meritoient d'estre exclus du Chapitre en tout ce qui regardoit ces Ordonnances, parce qu'ils n'avoient pas adheré aux trois qui en avoient appellé, & qu'ils vouloient seulement qu'on les consultast, c'est à dire : Ie veux que ceux qui sont de mon avis soient seuls du Chapitre, & que les autres quoy qu'en plus grand nombre n'en soient pas.

Il faut donc n'avoir eu ny honneur, ny conscience pour entreprendre une cause si injuste, mais il faut avoir eu l'esprit obscurcy par d'étranges tenebres pour ne pas voir qu'on s'engageoit dans les Censures de l'Eglise en la portant à des Iuges seculiers. Car y eut-il jamais une cause plus Ecclesiastique que celle-là, & qui appartinst davantage à la jurisdiction de l'Eglise ?

Il s'agit du droict d'opiner dans des matieres Ecclesiastiques, ce qui est tellement Ecclesiastique, que cela est mesme attaché aux Chanoines qui sont dans les Ordres sacrez privativement aux autres. La cause est donc entre personnes Ecclesiastiques sans aucune difficulté. Il n'y a aussi rien de seculier meslé en cela. Il ne s'agit point de possessions & d'heritages. Il n'est question que de sçavoir, si on ravira à des Chanoines le droict qu'ils ont par l'Eglise & non par les Princes, de considerer devant Dieu les Ordonnances de leur Evesque & de ne s'y pas opposer lors qu'ils les trouvent justes & saintes.

Vn Prestre est assez injuste pour les vouloir contraindre à s'y opposer : car c'est sa pretension, puis qu'il veut qu'ils souffrent qu'il s'y oppose au nom du Corps dont ils font la plus grande partie. Et parce qu'ils ne consentent pas à une si grande injustice, il s'adresse à des Iuges seculiers pour les y forcer, & par une flaterie criminelle, il ose dire qu'il n'y a que des Iuges seculiers qui soient *competans* pour cela. Si ce n'est pas la violer les Canons qui defendent de transporter aux seculiers la Iurisdiction de l'Eglise, quand est-ce qu'on les violera ? Sur tout quand on a esté jusqu'à cét excez que de faire un crime à des Prestres devant ces mesmes Iuges seculiers, de ce qu'ils n'ont pas trahy aussitost les interests de leur caractere en se soumettant à ce joug, & qu'on a demandé contre eux pour ce sujet *un decret d'ajournement personnel.*

Mais c'est, dit-on, au Parlement de Toulouze qu'il s'est adressé,

& ce font les Iuges Souuerains de la Province.

Cette excufe aggrave fon crime devant Dieu, & ne le diminuë point devant les hommes. Car il ne s'eft adreffé au Parlement de Toulouze, que parce qu'il a crû qu'il n'y avoit que ce Tribunal en France, qui par le fupport qu'il y a à caufe de fes parens, puft appuyer une fi injufte pretenfion que la fienne : & c'eft ee qui le rend plus criminel ; mais qui n'empefche pas qu'il n'ait violé les Canons en s'y adreffant.

Car on demeure d'accord, que le Parlement de Toulouze a dans fa Province la Iurifdiction fouveraine du Roy : Mais on ne peut pas dire pour cela qu'on s'y puiffe adreffer en premiere inftance dans une caufe pareille à celle que le Doyen y a portée, eftant certain & conftant non feulement par le droict Canonique, mais auffi par la Iurifprudence obfervée en France felon les Ordonnances, que les Parlemens mefmes ne peuvent connoiftre en premiere inftance que des matieres poffeffoires, & des autres, par les voyes d'appel comme d'abus ; & que c'eft en ces deux cas feulement qu'il eft permis d'aller aux Tribunaux feculiers pour les caufes Ecclefiaftiques, fans qu'il foit permis d'étendre le pretexte du poffeffoire, au delà de ce qui eft porté par les Ordonnances ; Ce qui eft deffendu par l'Edict de 1610. en ces termes : *Enjoignons à nos Cours de Parlement de laiffer à la Iurifdiction Ecclefiaftique les caufes qui font de leur connoiffance, mefme celles qui concernent les Sacremens, & autres caufes fpirituelles & purement Ecclefiaftiques* SANS LES ATTIRER A EVX SOVS PRETEXTE DE POSSESSOIRE, *ou pour quelque autre occafion que ce foit.* Ce qui eft encore rejetté dans une Ordonnance du feu Roy de l'an 1619. confirmative de cet Edict de 1610. & dans une autre de 1657. Or en la caufe dont il s'agit, qui eftoit certainement entre Ecclefiaftiques & fur un fujet purement Ecclefiaftique, il n'y avoit nul poffeffoire à juger, ny nul appel comme d'abus interjetté ; & le mot de *poffeffoire* dont ces Meffieurs fe font fervis dans leur requefte au Roy pour publier leur entreprife criminelle, eft une pure illufion condamnée par les Edicts, qui defendent de fe fervir de ce faux pretexte, hors les cas portez par les Ordonnances, pour entreprendre directement ou indirectement fur la Iurifdiction de l'Eglife. Et par confequent cette couverture eftant ridicule, & eftant clair qu'ils ont eü recours en premiere inftance aux Iuges Seculiers pour une caufe purement Ecclefiaftique tant en fa matiere qu'au regard des perfonnes, on ne peut nier qu'ils n'ayeut encouru l'excommunication portée par le Concile de Narbonne & par tant d'autres Canons.

III. Qvest.

III. QVESTION.

La 3. queſtion eſt de ſçavoir, Si les Sieurs de l'Eſtang & Rives ont pû ſe rétablir dans les fonctions de leurs Ordres, ſur l'abſolution *ad cautelam* qu'ils avoient receuë à Toulouze, ou ſur celle que M. l'Eveſque d'Alby leur avoit accordée.

Pour bien decider cette queſtion, il faut établir deux choſes. La 1. les effects de l'excommunication majeure. Et la 2. la fin des abſolutions données *ad cautelam*.

Les effects de l'excommunication ſont marquez par le Canon 9. du Concile de Vernon de l'an 755. ſous le Roy Pepin. *Si quis cum excommunicato communicaverit ſcienter, ſciat ſe excommunicatum eſſe. Et ut ſciatis qualis ſit modus iſtius excommunicationis ; in Eccleſiam non debet intrare, nec cum ullo Chriſtiano cibum vel potum ſumere, nec ejus munera quiſquam accipere debet, vel oſculum porrigere, nec in oratione ſe jungere, nec ſalutare, antequam ab Epiſcopo ſuo fuerit reconciliatus.*

Et c'eſt ce que les Canoniſtes ont renfermé dans ce Vers.

Os, orare, vale, communio, menſa negatur.

Ce qui fait voir que l'excommunié denoncé doit eſtre privé de toutes ſortes de graces, & de communion avec les fidelles, ſoit dans la priere publique ou particuliere, ſoit à l'Egliſe aux Offices divins, ſoit à la participation des Sacremens, ſoit dans la converſation, ſoit dans le commerce.

Il doit eſtre privé de toute grace ſelon ces paroles du Fils de Dieu dans l'Euangile : *Sit tibi ſicut Ethnicus & Publicanus.* C'eſt pourquoy le Concile de Conſtance defend de favoriſer en rien les excommuniez. Il doit eſtre privé de toute converſation & communication par les meſmes paroles, & par celles de S. Paul : *Cum hujuſmodi nec cibum ſumere,* & de S. Iean, *Nec ave ei dixeritis.* Et il ne faut que lire les Canons rapportez par Gratien dans la cauſe 11. queſtion 3. pour eſtre convaincu de cette verité; & c'eſt auſſi ce qui eſt porté dans le 5. livre des Capitulaires de Charlemagne : *Cum excommunicatis non licet communicare.* Et dans le 6. livre. *Si quis à communione Sacerdotali fuerit autoritate ſuſpenſus, hunc non ſolum à Clericorum, ſed etiam à totius populi colloquio placuit excludi.* Et c'eſt pour cela que trois choſes ont eſté ordonnées par l'Egliſe. La 1. de publier les noms des excommuniez. La 2. d'en tenir Regiſtre, comme il eſt porté en pluſieurs Ordonnances de France. La 3. de les afficher meſme aux portes des Egliſes, ſelon les paroles du Can. *Curæ ſit omnibus.* Cauſe 11. queſt. 3.

Il s'enſuit de là, que l'Egliſe deſirant par toutes ſortes de privations ramener les perſonnes excómuniées, elle ne leur a voulu faire aucune grace, non pas meſme celle de leur permettre d'agir en jugement, ſoit en premiere inſtance, ſoit en cauſe d'appel, cóme Innocent III.

K

le decide expressément dans ses Lettres nouvellement imprimées livre 4. lettre 94. *Personam standi in judicio non habent ij qui sunt excommunicationis vinculo adstricti.* Et dans le chap. *Per tuas. de Sent. Excom. Excommunicatus vocem non habet appellandi ut pote ab Ecclesia separatus.*

Cependant comme les excommuniez pouvoient l'avoir esté injustement, & qu'il paroissoit dur que dans ce doute on les privast generalement de toute grace, on a introduit deux sortes d'absolutions pour temperer cette rigueur : l'une qu'on a appellée *ad effectum*, & l'autre *ad cautelam.*

La premiere est celle qui donne moyen de recevoir quelque grace contenuë dans un rescrit. Car un excommunié de luy mesme en estant incapable, & tout rescrit obtenu en sa faveur estant nul, comme cela eust causé beaucoup de desordres & de procés, dans les temps où les excommunications estoient plus communes qu'elles ne sont aujourd'huy, on a estably l'usage de mettre dans tous les rescrits une absolution de l'excommunication & des autres Censures *ad effectum*, c'est à dire pour rendre capable de la grace accordée par le S. Siege.

L'absolution *ad cautelam*, est de mesme nature, quoy que pour un autre effet, sçavoir pour donner moyen à un appellant d'une Sentence d'excommunication de comparoistre en Iustice & de poursuivre ses droicts, ou generalement de donner pouvoir à un excommunié de faire quelqu'autre acte judiciaire dont l'excommunication d'elle mesme l'auroit rendu incapable.

Feuret dans son Traité de l'abus l. 10. ch. 7. n. 39. & 40. recon-
» noist que c'est là l'origine des absolutions *ad cautelam.* Car il éta-
» blit premierement la maxime du droict Canonique, que les excom-
» muniez n'ont point de pouvoir d'agir en Iustice. Par la disposition,
» dit-il, du droict Canon l'excommunié par l'Eglise n'estoit plus ca-
» pable d'agir ; *Personam in judicio standi legitimam non habebat* : l'ex-
» ception d'excommunication *repellebat actorem ab agendo : sive in*
» *prima instantia, sive in causa appellationis.*
»   Et il dit ensuite, que c'est ce qui a fait introduire les absolutions
» *ad cautelam.* Cette exception, dit-il, & fin de non recevoir pour
» empescher les excommuniez d'agir, quoy qu'ils fussent appellans
» des Sentences d'excommunication, donnerent lieu aux absolutions
» *ad cautelam*, introduites, *ut litigantes legitimam personam haberent*
» *standi in judicio, ut testabiles vel testes esse possent, denique ut lis cum*
eis legitimo marte decurrere possit C. 36. de testibus l. properandum §. illo dubio de judiciis. Et il ajoûte plus bas, que *pour estre absous* AD CAUTELAM, AUT AD EFFECTUM AGENDI, on a recours aux Iuges & Magistrats civils, marquant ainsi que l'absolution *ad cautelam*, est la mesme chose que l'absolution *ad effectum agendi* : c'est à dire

qu’elle est donnée pour pouvoir agir en Iustice, & qu’ainsi elle est de mesme nature que celle des rescrits qu’on appelle *ad effe-Ɵum*, qui certainement ne rétablit point dans les fonctions des Ordres, mais est seulement pour l’effet des graces qu’elle rend capable de recevoir. Ainsi dans le chapitre *Veniens de testibus*, le Pape Innocent III. veut qu’on absolve *ad cautelam* des Chanoines qui estoient excommuniez afin qu’ils pussent témoigner de ce qui s’estoit passé dans le Chapitre. *Quia vero quæ in capitulo aguntur non facile possunt nisi per Canonicos ipsos probari ; volumus ut ad cautelam absolvatis eosdem, ut vocati ad testimonium libere valeant pro utraque parte testari.*

On peut voir la mesme chose dans le Canon *per tuas. de Sent. Excom.* pourveu qu’on l’entende bien, & qu’on ne confonde pas l’absolution simple qu’on donnoit en satisfaisant ou en donnant caution de satisfaire, avec l’absolution *ad cautelam*, qui sont deux choses fort differentes. Car il paroist par ce Canon, que quand celuy qui a esté excommunié pretend que l’excommunication est nulle ; ou pour avoir esté decernée aprés un appel legitime ; ou pour contenir une erreur intollerable, comme s’il avoit esté excommunié pour une bonne action, on le doit admettre à la preuve, la regle de ne pas écouter un excommunié n’ayant pas de lieu en ce cas là. *Quamquam*, ajoûte le Pape, *Apostolica sedes , etiam tales consueverit absolvere ad cautelam.*

Ce qui fait voir que l’absolution *ad cautelam*, que l’on accordoit à Rome, mesme à ces personnes qui sembloient n’en avoir pas besoin, ne les mettoit qu’au mesme estat qu’ils estoient ailleurs avant que d’avoir prouvé la nullité de l’excommunication, qui est comme dit le Pape, que hors les actes qu’ils avoient à faire pour cette preuve, ils devoient estre évitez dans tout le reste. *In quibus casibus*, dit-il, *ad probationem eorum etiamsi absolutionem non petat , debet admitti : sed donec de ipsis constiterit in aliis evitari debet.*

Quant à ce que le Pape ajoûte que dans les autres cas, *celuy qui n’implore point la grace de l’absolution ne doit point estre oüi pour ne luy pas donner lieu de mépriser le jugement de l’Eglise, & de devenir plus coupable par ce mépris;* cela se doit entendre de l’absolution simple, lors que l’excommunication ne faisoit qu’une partie du procés; comme quand un homme avoit esté excommunié pour n’avoir pas comparu devant son Evesque, ou pour n’avoir pas satisfait à quelque obligation, on ne souffroit pas alors que celuy qui avoit esté excommunié se justifiast dans l’affaire principale dont l’excommunication estoit une annexe, qu’il n’eust auparavant demandé humblement d’estre absous en satisfaisant à sa faute, ou au moins en donnant caution qu’il y satisferoit en la maniere que le Metropolitain l’ordonneroit. Car c’est le cas sur lequel le Pape avoit esté consulté par l'Archevesque de Sens, à qui un Archiprestre excommunié par l'Evesque d'Auxerre s'estoit presenté, & avoit donné une suffisante caution d'obeïr à ce qui luy seroit ordonné. Mais l'Archevesque l'ayant renvoyé à son Evesque, & l'ayant souvent prié d'absoudre cét Archiprestre, l'Evesque le refusant il l'avoit absous, à quoy l'Evesque ne vouloit pas deferer. Or en ces cas là on absolvoit simplement, si ce n'est que celuy qui avoit excommunié ne soûtint, qu'il l'avoit fait *pro manifesta offensa*, auquel cas on luy donnoit huit jours pour le prouver, & s'il le justifioit, l'excommunié ne pouvoit estre absous ny *ad cautelam*, ny autrement qu'il n'eust actuellement satisfait, comme il est porté par le chap. *Solet. de Sent. Excom. in sexto.*

Ce qui a trompé quelques Canonistes, est qu'ils ont entendu de l'absolution *ad cautelam*, des Decrets de Papes qui n'en parlent point, mais qui portent seulement que l'excommunication decernée aprés un appel legitime, estant manifestement nulle, on peut n'y point deferer.

C'est ce qui paroist par le Cha. *ad præsentiam de appellationibus*, par lequel le Pape deffend d'inquieter un Prestre qui avoit celebré aprés une excommunication qu'on n'avoit décernée contre luy qu'aprés l'appel qu'il avoit interjeté au S. Siege. *Ideoque mandamus, quatenus prædictum Presbyterum pro eo quod post excommunicationem contra appellationem factam divina cantavit, nullatenus inquietes, sed ad eum statum reducas omnia, in quo erant tempore appellationis emissæ.* Et ce Pape dit dans ce mesme Chap. que deux Cardinaux à qui il avoit commis cette cause, avoient absous ce Prestre de fait, quoy qu'il ne fust pas excommunié de droict. *Licet R. Presbyter non esset excommunicatus de jure, de facto tamen fecerunt eum absolvi*; ce qui ne s'entend point d'une absolution *ad cautelam* de la nature de celles qui ont esté introduites depuis, & qui apparemment n'estoient pas encore en usage du temps d'Alexandre III. de qui est cette Decretale ; mais d'une absolution simple donnée par sur-abondance, & pour confirmer davantage ce Prestre dans la nullité de son excommunication, laquelle seule ce Pape avoit considerée pour le declarer innocent de ce qu'il avoit celebré, puis qu'il est visible qu'il l'avoit fait avant que d'estre absous sur le témoignage que sa conscience luy rendoit, que son excommunication estoit manifestement nulle.

On doit dire la mesme chose du Chap. *Dilectis filiis*, au mesme tiltre *de appellationibus*, par lequel les Chanoines de Sens sont declarez innocens du crime qu'on leur imputoit d'avoir communiqué avec leur Doyen, qui avoit esté denoncé excommunié par l'Archevesque. Mais il n'est point dit qu'il eust esté absous *ad cautelam*, & que ce fust ce qui avoit donné droit à ces Chanoines de communiquer avec luy. Ce n'eſt point ſur cela que le Pape fonde l'innocence de ces Chanoines, mais ſur ce que le Doyen n'avoit eſté dénoncé excommunié par l'Archevefque qu'aprés l'appel qu'il avoit interjeté au S. Siege, auquel l'Official de Sens avoit reconnu qu'on devoit deferer. *Licet Archiepiſcopus poſt appellationem prædi-ctam, de qua ſibi per Officialis litteras innotuerat, Decanum denun-ciaverit evitandum : Senonenſes tamen canonicos (qui ſaniori ducti conſilio communicaverunt eidem, ut appellationi ad nos interpoſitæ magis quam denunciationi ab Epiſcopo factæ deferrent) inculpabiles judicamus.*

Le Chap. *ad reprimendam. De officio judicis ordinarij*, ne parle point auſſi de l'abſolution *ad cautelam*, mais de l'abſolution ſimple que le Pape dit pouvoir eſtre accordée par l'Archevefque à celuy qui avoit eſté juſtement excommunié, mais en l'obligeant par ſerment de ſatisfaire à ſon Evefque ſur les choſes pour leſquelles il avoit eſté excommunié, & en le faiſant retomber dans l'excommunication s'il y manquoit. Car il faut remarquer que les excommunications eſtoient alors beaucoup plus communes qu'elles ne ſont aujourd'huy ; & comme il a eſté dit, elles ne faiſoient ſouvent qu'un annexe de la cauſe principale. D'où il arrivoit qu'encore meſme que les excommunications fuſſent juſtes, celuy qui avoit eſté excommunié devoit eſtre abſous, non pas ſeulement *ad caute-lam*, mais ſimplement, avant que l'on jugeaſt le fond de l'affaire. Mais il falloit auſſi qu'il ſe miſt en eſtat de recevoir l'abſolution en la demandant humblement, & s'obligeant au moins par ſerment à ſatisfaire à ce qui luy ſeroit ordonné. De ſorte que ce n'eſtoit pas tant une grace qu'une neceſſité de ſe faire abſoudre comme il paroiſt en ce qu'on n'y obligeoit pas abſolument celuy qui demandoit à prouver que l'excommunication eſtoit tout à fait nulle, mais ſeulement celuy qui diſoit qu'elle eſtoit injuſte.

C'eſt ce qu'enſeigne Innocent III. dans ſes lettres nouvellement imprimées l. 1. lettre 137. à l'Arch. de Roüen. *Cum quis conqueritur ſe poſt appellationem ad nos legitime interpoſitam, excommunicatione fuiſſe notatum, ſemper utriuſlibet partis probationes ſunt admittendæ, antequam ad decernendum ſuper hoc aliquid procedatur : per quas de-nique apparebit, an abſolutione indigeat conquerens, vel denunciandus ſit potius non ligatus. In reliquo vero caſu, cum videlicet excommuni-catum quis ſe aſſeverat injuſte, vix unquam ejus eſt antequam abſolu-tus fuerit, probatio admittenda : niſi tunc tantum, cum aſſerit in ex-communicationis ſententia intolerabilem errorem fuiſſe patenter expreſ-ſum, ad quod probandum admittitur antequam abſolutionis gratiam conſequatur. Verum ſi proponat, ſe ſimpliciter excommunicatum inju-ſte, ac Epiſcopus ad probandum quod juſte ipſum excommunicaverit ſuas poſtulet probationes admitti, non eſt ante abſolutionem illius aliquate-*

nus audiendus , cum etſi pro certo conſtaret in illum rationabiliter ex-
communicationis ſententiam promulgatam , nihilominus ei eſſet abſolu-
tio ſecundum formam Eccleſiæ impendenda HUMILITER POSTULANTI.

On peut objecter avec plus de couleur le Chap. *Venerabiles. De.
Sent. Excommunicat.* où le Pape dit qu'il relâche *ad cautelam* une
Sentence de ſuſpenſion decernée par l'Archeveſque de Tours contre l'Eveſque du Mans : *Ipſo Epiſcopo in præſentia procuratoris Ar-
chiepiſcopi Turonenſis præſtante corporaliter juramentum quod parebit
mandatis , quæ idem Archiepiſcopus ſibi propter hoc fecerit, ſi conſtiterit
ipſum in eo pro quo fuit lata prædicta ſententia culpabilem extitiſſe.*
Mais il y a bien de la difference entre la ſuſpenſion & l'excommunication, & l'une ſe relaſche plus facilement que l'autre : & neanmoins cét Eveſque n'obtint cette grace qu'eſtant preſent , aprés
avoir eſté oüy en preſence du procureur de ſa partie, & en ſuitte du
ſerment qu'il fit qu'il ſatisferoit à tout ce que l'Archeveſque ordonneroit , s'il ſe trouvoit qu'il euſt tort en ce qui avoit donné lieu à
cette Sentence.

Mais rien ne fait mieux voir que ces abſolutions *ad cautelam,* ne
doivent point rétablir dans les fonctions des ſaints ordres, que la
maniere dont elles ont eſté données en France, qui montre évidem-
ment qu'on ne les conſideroit que pour un effet civil. Car avant
l'Edict de Melun du Roy Charles IX. ces abſolutions *ad cautelam*
ſe donnoient par les Iuges ſeculiers,& s'inſeroient comme une clau-
ſe de forme & de ſtile dans les reliefs d'appel des Cours Souveraines. Or qui peut croire que ſi l'effet de ces abſolutions euſt eſté de
rendre à un Preſtre le droit d'offrir le Sacrifice qui luy avoit eſté
oſté par l'Egliſe , des laïques euſſent oſé l'entreprendre ? Que ſi aujourd'huy ce ne ſont pas les Iuges eux-meſmes qui les donnent, au
moins c'eſt par leur ordre qu'elles ſe donnent, & par des perſonnes
qui n'ont d'ordinaire nulle autorité , de ſorte qu'ils ont en effet
auſſi peu de droit que des laïques de rétablir dans des fonctions
ſpirituelles & ſacrées ceux à qui leur Eveſque les a interdites par
l'autorité de IESUS-CHRIST, dont il eſt reveſtu. Et ainſi on ne pourroit regarder cét uſage que comme un horrible abus, & une prophanation viſible du droit divin,ſi on ne reſtraignoit ces ſortes d'abſolutions dans leurs veritables bornes, en ne leur donnant pour effet que celuy pour lequel elles ont eſté introduites par l'aveu de
ceux meſmes qui ont écrit le plus à l'avantage des Parlemens, comme Feuret dans ſon Traité de l'abus ; c'eſt à dire, pour donner droit
aux excommuniez qui pretendoient l'avoir eſté injuſtement , de
pourſuivre leur appel, & de ſe deffendre en Iuſtice : *Vt litigantes
legitimam perſonam haberent ſtandi in judicio :* ou comme ce meſme
Auteur dit en un ſeul mot, *ad effectum agendi.*

Les Sieurs de l'Eſtang & Rives dans leur avertiſſement dont le

Promoteur n'a eu communication que depuis deux jours, n'oppo-
sent à tout cela que ce raisonnement qu'ils disent estre invincible.
L'absolution *ad cautelam* opere quelque chose. Or on n'a pas besoin
en France d'absolution pour agir en Iustice. Donc il faut que cette
absolution ait un autre effet qui est le rétablissement dans les fonctions. Et pour prouver qu'on n'a pas besoin en France d'absolution
pour agir en Iustice, ils avoüent que par le droit Canonique un excommunié n'a pas ce droit, & que cela est estably par beaucoup de
Decrets de Papes. *Mais comme nous ne deferons point si facilement en
France*, ajoûtent-ils, *à ces pretensions ambitieuses des auteurs du Decret, & que leurs Constitutions n'y sont receuës qu'autant qu'elles n'entreprennent point sur nos libertez;* ET SVR LA IVRISDICTION SECVLIERE,
*celle-cy n'a jamais trouvé de sectateurs parmy nous, & nos Magistrats
n'ont jamais souffert que par l'autorité des Canons les Iuges de l'Eglise
s'attribuassent* LEVRS IVSTICIABLES, *& leur interdissent, sous ce pretexte, l'entrée* DE LEVRS TRIBVNAVX, *où les matieres qui s'y traittent
n'ont rien de commun avec ces Censures Ecclesiastiques.* Surquoy ils citent le Feron, Tiraqueau, Chopin & autres Iurisconsultes alleguez
par Feuret dans son Traitté de l'Abus l. 7. ch. 2. n. 39.

Mais tout cela se resout sans peine par la distinction de deux Tribunaux Ecclesiastique & Seculier, qui ont leurs Loix & leurs Coûtumes
differentes. Car tout ce qu'ils alleguent qu'un excommunié ne perd
point le droit d'agir en Iustice, n'est vray qu'au regard des Tribunaux Seculiers, & ce n'est qu'en cela qu'on n'a pas receu les Decre-
tales qui obligeoient les Iuges Laïques d'avoir égard à cette exception : *Repellendo excommunicatos ab agendo, patrocinando & testifi-
cando in suis judiciis & curiis.* Voilà ce qui n'a pas esté receu en
France, parce que les Iuges Ecclesiastiques qui multiplioient, il y a
3. ou 400. ans les excommunications à l'infiny, se servoient de ce
pretexte pour s'attribuer une infinité de causes toutes temporelles,
voulant, par exemple, que lors qu'un homme refusoit de répondre
à son Creancier qui le pressoit de payer en disant qu'il estoit excommunié, cette cause leur fust renvoyée, & par là ils se rendoient Iuges de l'affaire dont l'excommunication estoit un accessoire. Mais
cela ne fait rien pour le Tribunal Ecclesiastique, comme les auteurs
mesmes que ces Messieurs alleguent le font voir manifestement. Car
ils ont tout pris de Feuret qui parle ainsi au lieu allegué.

Par la disposition du droit Canon l'excommunié par l'Eglise n'e- ,,
stoit plus capable d'agir : *Personam in judicio standi legitimam non ha-* ,,
bebat, l'excommunication, *repellebat actorem ab agendo, sive in prima* ,,
instantia, sive in causa appellationis, ce qui avoit lieu NON SOLVM ,,
IN FORO ECCLESIASTICO, SED ETIAM IN CVRIIS SECVLARIBVS, ,,
comme le remarque Barthole sur la Loy *Placet, C. de Sacros Ecclef.* ,,
mesme que le Pape Alexandre IV. *in cap. decernimus de senten. excom.* ,,
veut que le Iuge d'Eglise puisse obliger le Magistrat Seculier d'avoir ,,

„ égard à cette exception, *repellendo excommunicatos ab agendo, patro-*
„ *cinando & teſtificando in ſuis judiciis & curiis.* Le Feron ſur la Couſtume
„ de Bordeaux *tit. de retraĉtu §. 7.* traitte cette queſtion, & Tiraqueau
„ auſſi. *De retraĉt. gentil. gloſſ. 9. §. 1. n. 276. An is qui decreto Pontificis*
„ *Cenſuris Eccleſiaſticis confixus eſt exceptione excommunicationis ab agen-*
„ *do repelli poſſit :* Et l'un & l'autre ſont d'accord, *moribus Galliarum &*
„ *de generali conſuetudine Franciæ, hujuſmodi excommunicationis exce-*
„ *ptionem in foris ſecularibus non admitti.* Ce qui eſt approuvé par la
„ gloſe dudit chapitre *decernimus*, qui eſt preſque en meſmes termes,
„ *hanc exceptionem excommunicationis* NON OBSERVARI AMPLIVS IN
„ FORO SECVLARI. Et tel eſt le ſentiment commun des Interpretes.
„ Boër *queſt. 43.* Faber *§. ult. inſtit. de excep.* Ioannes Imbertus *Inſt.*
„ *Forens. lib. 1. c. 25.* Chopinus, *de moribus And. parte 2. queſt. 1.*

Toutes ces autoritez font voir que tout le changement qui eſt arrivé touchant le droit que l'excommunié peut avoir ou n'avoir pas
d'agir en Iuſtice, eſt qu'au lieu qu'autrefois par la reconnoiſſance
de Barthole, il en eſtoit privé non ſeulement dans le fore Eccleſiaſtique, mais meſme dans les Cours Seculieres, il s'eſt depuis intro-
troduit un autre uſage en France qui eſt, qu'il n'en eſt plus privé
qu'au regard de la Iuſtice de l'Egliſe, & non au regard de la Iuſtice
Seculiere, comme ils marquent en termes expres en diſant, *que cette*
exception n'eſt plus receuë in foris ſecularibus. D'où il s'enſuit d'une
part qu'elle y eſtoit autrefois receuë, & de l'autre qu'elle eſt encore
receuë *in foro Eccleſiaſtico*, ſelon cette maxime, *exceptio firmat*
regulam.

C'eſt donc abuſer groſſierement de toutes ces autoritez, qui ne
prouvent autre choſe ſinon que le reproche qu'on peut faire à un
homme qu'il eſt excommunié, n'empeſche pas le cours des affaires
Seculieres & temporelles, qu'il peut avoir devant les Iuges Seculiers, pour en conclure qu'il en eſt de meſme dans les affaires Eccleſiaſtiques, & qui d'elles meſmes appartiennent à la Iuriſdiĉtion de
l'Egliſe ; au lieu qu'à l'égard de celles là, la diſpoſition Canonique
qui oſte aux excommuniez le pouvoir d'agir eſt toûjours demeuré en ſon entier, & par conſequent leſdits de l'Eſtang & Rives
ont fort mal prouvé que l'abſolution *ad cautelam*, qui leur avoit
accordée, ne pouvoit pas avoir pour effet de leur donner droit
d'agir en Iuſtice, puis qu'ils l'avoient ſans cela, ce qui eſt tres-faux,
ſinon dans les cauſes Seculieres & temporelles & non dans les Eccleſiaſtiques & ſpirituelles, telle qu'eſt celle de la nullité pretenduë de
leur excommunication, qui ſe doit juger par les Canons de l'Egliſe,
ſoit qu'elle ſe traitte dans les Tribunaux de l'Egliſe, comme elle s'y
doit traitter par ſa nature, ſoit qu'elle ſoit renuoyée par appel comme d'abus à une Cour ſouueraine, ne changeant pas pour cela de
nature, & ſe devant toûjours examiner par les regles de l'Egliſe, ſelon

lon lefquels nous avons fait voir que l'abfolution *ad cautelam* donne feulement à l'excommunié le droict d'agir en Iuftice qu'il n'auroit pas fans cela dans les caufes Ecclefiaftiques.

Que s'il y a des Canoniftes nouveaux qui ont donné plus d'éten-tenduë à ces fortes d'abfolutions, & qui ont creu qu'elles rétablif-foient dans les fonctions facrées par maniere de provifion, ils ont enfeigné en mefme temps, que pour avoir cét effet il eftoit abfo-lument neceffaire qu'elles euffent plufieurs conditions qui ont tou-tes manqué aux deux abfolutions *ad cautelam*, que les Sieurs de l'Eftang & Rives pretendent avoir obtenuës : Et ainfi dans l'opi-nion mefme de ces Auteurs, ils n'ont eü aucun droit de fe reftablir dans les fonctions de leurs ordres.

Ce fera le fecond point que l'on traittera dans cette troi-fiéme queftion, afin qu'il n'y refte aucune difficulté, & qu'il par-roiffe clairement que le procedé de ces Meffieurs eft entierement infoûtenable dans l'opinion mefme de ceux qu'ils s'imagineroient leur eftre plus favorables.

Ils auroient pû par exemple alleguer le P. Gibalin Iefuite, qui dans fon traitté des Cenfures c.10.queft.2.p.399.pretend que l'abfolution *ad cautelam* met au mefme eftat que fi on n'avoit point efté excom-munié. Mais leur caufe n'en eft pas meilleure felon ce Iefuite mef-me, qui a bien veu que ces abfolutions ruineroient toute la difci-pline Ecclefiaftique fi elles avoient cét effet, & qu'en mefme temps on les donnaft avec la facilité avec laquelle ces Meffieurs ont obte-nu celles dont ils font un ufage fi prophane.

Premierement, ce Iefuite declare en termes exprés que les abfo-lutions *ad cautelam*, ne fe peuvent donner que par celuy qui auroit excommunié, ou par fon legitime Superieur auquel on auroit ap-pellé, & non par un inferieur quoy qu'Ordinaire. Car aprés avoir mis ce titre : *Quis poffit abfolvere ad cautelam?* Il répond, 1. Que celuy à qui on a donné le pouvoir d'abfoudre des Cenfures n'a pas pour cela le pouvoir d'abfoudre *ad cautelam* ; parce que cette abfo-lution eft extraordinaire, & qu'elle a efté introduite contre la difpo-fition du droict ; de forte qu'on ne l'entend pas quand on parle fim-plement d'abfolution. Et il répond en 2. lieu, que celuy mefme qui a excommunié peut abfoudre *ad cautelam*, ou fon Superieur à qui on a appellé, & non un inferieur quoy qu'Ordinaire. Surquoy il allegue Couarruvias trés celebre Canonifte.

Cela eftant les deux abfolutions *ad cautelam*, dont les Sieurs de l'Eftang & Rives fe font voulu prevaloir font abfolument nulles, & ne leur peuvĕt de rien fervir, puifque l'une & l'autre ont efté dŏnées par des perfohnes fans autorité. La 1. par un Grand Vicaire de Tou-louze, qui n'a aucun pouvoir dans la Province de Narbonne. Et la 2. par M. l'Evefque d'Alby, en vertu d'un récrit nul par foy mefme pour

L

avoir efté donné fur une fauffe fuppofition,& qui deplus ne luy donnoit aucun pouvoir fur cette affaire de l'excommunication, mais fur une autre toute differente, qui eftoit l'appel des Ordonnances de vifite.

Ils ont voulu foûtenir dans leur avertiffement le pretendu pouvoir de M. l'Evefque d'Alby, mais ils ne l'ont pû faire que par des déguifemens & des fauffetez étranges.

1. Ils diffimulent une des principales raifons du Promoteur qui eft que ce Bref fuppofe, qu'on a appellé *à Sententia definitiua*, ce qui eft trés-faux, ny ayant point eu de Sentence diffinitiue à Narbonne fur l'appel des Ordonnances, mais feulement un appointement de ftile qu'elles feroient obferuées fans prejudice de l'appel, ce qui rendoit le Bref nul.

2. Pour éluder une raifon invincible contre la pretenduë connexion de cette affaire de l'excommunication avec l'appel des Ordonnances, qui eft, que jamais eux mefmes dans toutes les procedures qui ont precedé la Sentence d'excommunication & long-temps depuis, n'ont allegué cette pretenduë connexion, ils commettent une horrible fauffeté dans leur avertiffement, qui eft qu'ils font entendre que l'Official fe devoit tenir incompetant, *parce*, difent-ils, *que le principal*, (par où ils entendent l'appel des Ordonnances) *dont l'excommunication eftoit un acceffoire, eftoit devolu en Cour de Rome*, comme s'ils luy euffent reprefenté cette raifon d'incompetence, & qu'il n'y euft point eu d'egard ; au lieu qu'ils n'ont jamais penfé à luy propofer cette raifon frivole & ridicule, comme on peut voir par toutes les pieces qu'ils ont eux mefmes produites ; & que bien loin de cela, depuis mefme qu'ils ont receu le Bref de Rome, qui delegue M. d'Alby pour l'appel des Ordonnances qui fut le 1. de Mars, ils ont fi peu crû qu'il euft efté étably par là juge de l'excommunication, que le 14. du mefme mois, ils firent intimer au Promoteur un relief d'appel comme d'abus obtenu le 7. à la Chancellerie de Caftres, par lequel ils l'affignent au Parlement de Grenoble, & où ils expofent qu'on les a excommuniez (non pour avoir appellé des Ordonnances de M. d'Alet, comme en effet cela eft tres faux) mais *en haine*, comme ils difent, *de l'inftance pendante au Parlement de Thoulouze* pour un pretendu reglement entre les Chanoines. De forte qu'il eft vifible que depuis mefme avoir receu leur Bref, ils ont porté l'affaire de l'excommunication au Parlement de Grenoble, comme reconnoiffant bien que ce Bref ne donnoit point de pouvoir à M. d'Alby d'en juger.

3. Enfin par une autre fauffeté encore plus horrible, ils difent en plufieurs endroits de leur avertiffemẽt, que le Promoteur a reconnu M. d'Alby, *en lui prefentant une requefte, afin qu'il luy plûft declarer que l'abfolution ad cautelam n'eftoit que pour efter en jugement*, ce qui eft une infi-

gne fupofition, jamais le Promoteur n'ayant preſeté d'autre requeſte à M. d'Alby, qu'aux fins de non proceder , & pour l'obliger de ſe declarer incompetant, & ayant appellé à Rome de ce qu'il avoit paſſé outre ſans avoir fait droit ſur ſes requeſtes, & ſans meſme s'eſtre declaré competant. Ainſi on ne voit que trop par toutes ces ſupercheries & ces fauſſetez, que l'abſolution *ad cautelam* qu'ils ont obtenuë de M. d'Alby a eſté donnée par une perſonne qui n'a eu aucune autorité legitime de la leur accorder , ce qui la rend nulle & de nul effet, ſur tout au regard du rétabliſſement dans les fonctions des ordres par l'aveu de ceux meſmes qui ont étendu plus loin l'effet de ces ſortes d'abſolutions.

La 2. condition que le P. Gibalin requiert pour les abſolutions *ad cautelam,* ſans laquelle il reconnoiſt qu'elles n'auroient point d'effet, parce qu'elles ſeroient abuſives, eſt, que celuy qui les demande ſe puiſſe plaindre avec couleur de la nullité, & non ſeulement de l'injuſtice de l'excommunication. *Dubium non debet eſſe tantum de juſtitia Cenſuræ, ſed de valore. Qui enim tantum excipit ſe fuiſſe injuſte excommunicatum, niſi ea injuſtitia ſit ſubſtantialis, & ſecum inferat nullitatem, fatetur ſe eſſe excommunicatum atque ita indiget ſimplici abſolutione, ut Couarruvias obſervat.*

Or comment ces Meſſieurs auroient-ils pû accuſer de nullité l'excommunication qu'ils ont encouruë, puiſque le droict eſt certain n'y ayant rien de plus clair que ce qui en eſt porté dans le Concile de Narbonne & en tant d'autres Canons ; & que le fait eſt conſtant & notoire, comme on le vient de montrer dans la 2. queſtion.

La 3. condition eſt, qu'il ne ſuffit pas de pretendre qu'une excommunication eſt nulle, pour ſe faire abſoudre *ad cautelam*, mais qu'il faut marquer en particulier en quoy on met cette nullité, & non ſeulement cela, mais le prouver au moins en cette maniere qu'on appelle demipleine, *Semiplenè*, c'eſt à dire qui faſſe voir qu'il y a grande apparence que l'excommunication eſt nulle ſi on n'en eſt pas encore entierement convaincu. *Obſeruant autem*, dit le P. Gibalin, *Couarruvias & Sayrus ex cenſu Canoniſtarum communiori, nullitatis quam prætendit qui idcirco abſolutionem ad cautelam petit, cauſam nominandam in ſpecie,& aliquam ſaltem in univerſum probandam eſſe, imo & ſemiplenè, quia alioquin pro validitate ſententiæ latæ præſumitur. Etſi ſimpliciter propoſita nullitate Cenſuræ, ejus abſolutio cuicumque illam petenti concederetur quamvis ad cautelam ſæpiſſime tum Cenſuræ, tum judices illuderentur.*

Ainſi par l'aveu des Ieſuites meſmes les Cenſures de l'Egliſe , & les jugemens Eccleſiaſtiques ne ſeroient qu'une illuſion ſi ſans ſpecifier la pretenduë nullité d'une excommunication, & ſans en apporter des preuves on en accordoit l'abſolution *ad cautelam* à tous ceux qui la demanderoient.

L ij

Or c'est ce qu'ont fait les Sieurs de l'Estang & Rives. Ils ont proposé en l'air à des Iuges seculiers qu'on les a injustement excommuniez & sans apporter aucune preuve de la justice de leurs plaintes, ils se font absoudre *ad cautelam* par un Prestre d'une autre Province ; c'est à dire selon leur pretension, qu'une personne sans autorité & sans connoissance de cause leur rend le pouvoir d'exercer les fonctions les plus sacrées dont ceux qui tiennent à leur égard l'autorité de IESUS - CHRIST les avoient justement privez. Ils ont agy de mesme envers M. l'Evesque d'Alby, car ils l'avoient si peu informé de la qualité de l'excommunication dont ils se vouloient faire absoudre, quoy qu'il n'eust aucun legitime pouvoir de le faire, qu'ils se sont fait mesme absoudre de celle du Metropolitain, quoy qu'il n'en eust decerné aucune contre eux.

Il est donc ridicule de pretendre que de telles absolutions les ayent pû rétablir dans les fonctions de leurs Ordres, & on ne pourroit le pretendre sans faire un jeu de la puissance de l'Eglise. Car qui ne voit que les plus justes & les plus necessaires Censures seront reduites à rien, & ne seront qu'un vain phantosme dont les méchans se moqueront, s'ils s'en peuvent delivrer par un moyen si facile, & rentrer aussi bien que les plus saints dans la participation des choses saintes & dans les fonctions mesmes du Sacerdoce, aprés avoir esté retranchez non seulement de l'Autel, mais aussi de l'Eglise, par les Sentences les plus legitimes d'excommunication ?

Ce desordre est si visible & si insoûtenable, que ceux qui ont le plus travaillé pour justifier, que les Parlemens peuvent ordonner ces absolutions *ad cautelam*, ne l'ont pû faire que dans une hypoteze toute contraire à l'usage d'apresent ; & en supposant qu'ils ne doivent user de ce pouvoir que dans les excommunications manifestement injustes. C'est ce que l'on peut voir par le discours que feu M. Dupuys fait sur ce sujet dans ses notes sur le Traité de M. Pithou des libertez de l'Eglise Gallicane Art. 36.

" Le Roy, dit-il, comme Protecteur de l'Eglise & executeur des
" saints Canons, ayant droict de Iuger de l'abus & nullité des Excom-
" munications & Censures Ecclesiastiques peut en mesme temps éta-
" blir, enjoindre & ordonner des moyens requis & necessaires pour
" corriger L'ABVS, & empescher l'effet exterieur de telles Censures.
" Or la revocation ou absolution à cautele estant un moyen convena-
" ble pour corriger L'ABVS, prevenir & arrester l'effet des CENSURES
" NULLES ET ABUSIVES, & pour délier *in foro exteriori* seulement,
" ceux qui sont injustement detenus ; il s'ensuit donc que le Roy & ses
" Magistrats peuvent enjoindre telles absolutions & ordonner, mais
" non pas appliquer ce remede pour guerir le mal exterieur ; autre-
" ment leurs Arrests seroient vains & illusoires. Et cela n'est point

toucher aux Censures iustes et legitimes, ny usurper la puis- «
sance spirituelle, mais c'est interposer l'autorité du Roy, à ce que «
les Prelats n'abusent de leur puissance, & montrer le respect qu'ils «
portent à l'Eglise de recourir à elle pour defaire ce que quelques- «
uns de ses Ministres ont fait Inconsiderement contre la «
disposition de ses loix : Ce n'est pour engendrer le mépris des «
clefs de s'adresser à ceux mesmes qui en ont Abuse', pour delier un «
lien qui ne lie que superficiellement. Car l'excommuni- «
cation injuste et inique ne lie ny n'oblige interieure- «
ment l'excommunie', qui n'a besoin d'absolution *in foro* «
conscientiæ, mais seulement *in foro exteriori*, pour oster le scrupule «
& scandale public. D'ailleurs le Roy doit interposer son autorité «
contre l'oppression & l'injustice, & est obligé en conscience de pro- «
teger ses sujets en leurs vies, biens & honneurs. Or c'est une «
oppression et manifeste injustice d'user de l'excommu- «
nication contre ce que Dieu en a ordonne'; et l'ex- «
communication injuste est une espece de violence qui flestrit «
l'honneur d'un homme innocent, le rend odieux à tous, le prive «
de la Societé civile, luy oste l'exercice de sa religion, & luy cause plu- «
sieurs autres maux temporels ausquels le Souverain doit s'opposer «
pour maintenir le repos entre ses Subjets, & les garentir par tous «
moyens mesme par la force, puis qu'elle leur est donnée de Dieu «
pour estre employée à la defense des peuples. C'est l'opinion de «
tous les Theologiens & Canonistes; & entre les principaux, Ger- «
son Tract. *Circa maximam excom. & irregular. consider. 10.* en parle «
ainsi : *Contemptus clavium non semper invenitur apud illos qui nec dum* «
non obediunt sententiis excommunicationum promulgatis per Pontifi- «
cem vel suos : sed etiam non est judicanda esse apud illos, qui per potesta- «
tem secularem adversus tales PRÆTENSAS *sententias tueri se procu-* «
rant. Lex enim naturalis dictat, ut possit vis vi repelli : Constat enim «
quod TALES EXCOMMUNICATIONES NON DEBENT DICI JUS, SED «
VIS ET VIOLENTIA, *contra quas fas habet liber homo vel animus se* «
tueri. «

Voilà ce que le plus zelé defenseur du pouvoir des Parlemens a
pû trouver de plus favorable pour autoriser le droict qu'ils s'attribuent d'ordonner des absolutions *à cautele*. Il le fonde uniquement
sur l'obligation qu'ont les Roys & les Magistrats *de corriger l'abus,*
& arrester l'effet des Censures nulles & abusives ; d'empescher que les
Prelats n'abusent de leur puissance, & de recourir à l'Eglise pour de-
faire ce que quelques-uns de ses Ministres auroient fait inconsiderement
contre la disposition de ses loix, & pour délier un lien qui ne lieroit que
superficiellement parce que l'excommunication injuste & inique ne lie
ny n'oblige interieurement l'excommunié qui n'a pas besoin d'en estre ab-
sous dans le tribunal de la conscience. Et enfin il declare, que *ce n'est*

*point toucher aux Cenſures juſtes & legitimes ny engendrer le mépris des
clefs, mais ſeulement proteger les innocens contre une oppreſſion manifeſte, telle qu'eſt l'excommunication quand on en uſe contre ce que Dieu
en a ordonné.*

Or de là il s'enſuit, 1. Que ſi les abſolutions *à cautele* ne ſont pas
ſeulement pour donner droict de comparoiſtre en Iuſtice, mais auſſi
pour rétablir dans l'uſage des choſes ſaintes, & meſme dans les fonctions Sacerdotales, ce ſeroit un deſordre horrible & inſoûtenable,
que des Magiſtrats ſeculiers ordonnaſſent qu'on les donneroit à
toutes ſortes d'excommuniez ſans connoiſſance de cauſe, & ſans
juger en aucune ſorte ſi l'excommunication a eſté juſte ou injuſte.
Car puiſque ceux qui ſont les plus favorables aux Parlemens recon-
noiſſent qu'ils ne doivent uſer de ce moyen que *pour arreſter l'effet
des Cenſures nulles & abuſives*, & non *pour toucher à celles qui ſont juſtes & legitimes*, il faut qu'ils ſoient perſuadez qu'une Cenſure eſt
nulle & contraire aux loix de l'Egliſe avant que d'entreprendre d'en
arreſter l'effet par ces ſortes d'abſolutions. Or c'eſt ce qu'ils ne peuvent pas ſçavoir quand ils n'examinent rien ; & par conſequent on
ne peut les ordonner ſans examen à tous ceux generalement qu'on
excommunie, & pretendre en meſme temps qu'elles rétabliſſent
dans la participation des choſes ſaintes ſans une viſible oppreſſion de
l'Egliſe, & ſans avoir moins d'égard à la puiſſance des clefs qu'elle
a receuë de IESUS-CHRIST, qu'au pouvoir qu'ont les moindres
Iuges de retenir en priſon ceux qui ſont accuſez de crimes, & qui
manquent de ſatisfaire à leurs debtes. Car il eſt bien certain que les
Parlemens ont plus de droict d'empeſcher les empriſonnemens inju-
ſtes, que d'arreſter les Cenſures abuſives. Et cependant ils ſe con-
damneroient eux meſmes d'une injuſtice viſible, ſi ſous pretexte
qu'ils ne doivent pas ſouffrir qu'on empriſonne injuſtement les
ſujets du Roy, ils élargiſſoient generalement & ſans connoiſſance
de cauſe tous ceux que les Magiſtrats ſubalternes tiennent en priſon, & auſſi bien ceux qui y ſeroient avec juſtice, que ceux qui y
ſeroient à tort. Qui ne voit donc que c'eſt un abus incomparable-
ment plus viſible, d'aneantir ſans diſcernement toutes ſortes d'excommunications, quelques juſtes qu'elles puiſſent eſtre, par des
abſolutions *à cautele*, ſous pretexte qu'on doit empeſcher qu'on
n'en uſe contre ce que Dieu en a ordonné à l'oppreſſion des innocens?

Il s'enſuit en 2. lieu, que les abſolutions *à cautele* que les Sieurs de
l'Eſtang & Rives ont obtenuë d'un Grand Vicaire de Toulouze, &
de M. l'Eveſque d'Alby, ou ne ſont point telles qu'ils ayent pû pretendre qu'elles leur donnoient droict de rentrer dans leurs fonctions ; ou ſont manifeſtement abuſives, puis qu'ils ſe les ont fait
donner ſans apporter la moindre preuve qui ait dû raiſonnablement
faire juger que leur excommunication eſtoit nulle, & *qu'elle ne les*

lioit que superficiellement, qui est le seul cas auquel on doit user de ces sortes d'absolutions par l'aveu de M. du Puis.

Il s'ensuit enfin que l'Arrest du Parlement de Grenoble du 21. Aoust 1664. qui remettant aprés la S. Martin à juger de la validité ou de l'invalidité de l'excommunication des Sieurs de l'Estang & Rives les a rétablis par avance dans les fonctions de leurs ordres, se détruit manifestement selon mesme les raisonnemens de M. du Puy si avantageux aux Iuges laïques. Car des seculiers qui avoüent n'avoir pas encore examiné si une Censure est valide ou invalide, & qui remettent à un autre temps à en juger, ne peuvent pas dire que renvoyant au S. Autel des Prestres excommuniez pour y offrir le Sacrifie, ils ne font qu'arrester l'effet d'une Censure nulle, & qui ne lie que superficiellement. Or c'est tout ce que peuvent les seculiers par l'aveu de ceux qui leur sont les plus favorables. Et par consequent il n'y eut jamais d'Arrest plus injurieux à l'Eglise que celuy là, & qui ruine d'une maniere plus grossiere son autorité divine.

Pour reprendre donc en peu de paroles tout ce qui a esté traitté dans cette 3. question; On peut considerer les absolutions *à cautele*.

Où selon leur veritable usage, qui est seulement de donner droict de comparoistre en Iustice, ou de faire d'autres actes judicaires, & alors on les peut donner avec moins de ceremonie, & moins d'autorité, parce que leur effet est moins considerable.

Ou selon le sentiment de quelques nouveaux Canonistes, qui croyent que ces sortes d'absolutions rétablissent au mesme estat qu'on estoit avant l'excommunication; mais qui reconnoissent aussi en mesme temps que pour avoir cét effet, il faut qu'elles soient données par celuy mesme qui a excommunié, ou par son Superieur comme est le Metropolitain, le Primat ou le Pape, & qu'il faut de plus que l'excommunication dont on demande d'estre absous, soit presumée nulle & invalide par des preuves qui le justifient en particulier.

Et ainsi de quelque maniere que l'on considere ces absolutions *à cautele*, on ne peut excuser d'un sacrilege visible le procedé des Sieurs de l'Estang & Rives qui s'estant engagez eux mesmes dans les liens de l'excommunication, ont osé s'ingerer non seulement à participer au sacrifice, mais à l'offrir eux mesmes sans en estre legitimement déliez. Car selon le premier & le veritable sentiment qu'on doit avoir de ces absolutions leur crime est constant, puis qu'elles ne leur donnoient droict que d'agir en Iustice, & non point de faire aucune fonction sacrée: Et selon l'autre sentiment, il n'est pas excusable, puis qu'ils n'ont observé aucune des conditions que ces Auteurs requierent à ces absolutions pour estre valides, n'ayant obtenu celles dont ils se prevalent que de gens sans autorité & sans pouvoir, qui leur ont accordé tout ce qu'ils ont voulu sans aucune connoissance de cause, & sans avoir pris la moindre peine d'examiner la validité ou invalidité de l'excommunication dont ils se plaignoient, ce qui est un manifeste violement des Canons, puisque lors mesme qu'ils ont permis de se plaindre d'une excommunication, comme estant injuste & d'en appeller au Superieur, ce n'a esté qu'en ordonnant que toutes choses seroient examinées avec grand soin, & que nul ne devoit avoir la presomption de communiquer avec celuy qui avoit esté excommunié avant que sa cause eust esté jugée. C'est ce que porte le 17. Canon du Concile de Sardique, selon qu'il est rapporté par Gratien. *Causa 11. quæst. 3. c. 4. Episcopus qui aut juste aut injuste Presbyterum aut Diaconum abjecit patienter accipiat, ut negotium discutiatur, ut vel probetur sententia ejus à plurimis vel emendetur. Tamen priusquam omnia diligenter, & fideliter examinentur, eum qui fuerit à communione separatus ante cognitionem nullus alius debet præsumere ut communione societ.*

D'où l'on peut voir de quelle sorte les Sieurs de l'Estang & Rives veulent avoir droit de renverser toutes les loix de l'Eglise & celles mesmes qui sont les plus fauorables à celuy qui se plaignoit d'avoir esté mal excommunié, lors qu'ils avancent dans leur avertissement cette fausse maxime comme le fondement de leur conduite : *Qu'il n'est pas juste que pendant le doute de la nullité & iniquité de l'excommunication laxée, celuy qui est excommunié souffre la peine & la disgrace d'une personne justement excommuniée*: Au lieu que l'Eglise a toûjours jugé au contraire qu'il estoit juste que pendant ce doute l'excommunié demeurast dans cette humiliation, jusqu'à luy oster toute esperance de rétablissement, s'il n'attendoit pour en sortir que sa cause eust esté fidellement & soigneusement examinée par une autorité superieure, comme il est ordonné par le 4. Canon du Concile d'Antioche, par le 14. de celuy de Sardique selon le Grec, & par le 29. du Code des Canons de l'Eglise d'Afrique. *Placuit universo Concilio, ut qui excommunicatus fuerit pro suo neglectu, sive Episcopus, sive quilibet Clericus, & tempore excommunicationis suæ* ANTE AUDIENTIAM *communionem præsumpserit, ipse in se damnationis judicetur sententiam protulisse.*

IV. QUESTION.

La 4. question consiste à sçavoir si le Chapitre d'Alet a dû croire les Sieurs de l'Estang & Rives legitimement rétablis, & communiquer avec eux *in divinis* sur la pretenduë absolution *ad cautelam* de M. l'Evesque d'Alby, sans estre plus informez du pouvoir de cét Evesque, & de la validité de cette absolution.

Cette question est trés importante pour la decision du procés, & trés facile à vuider.

Ie dis en 1. lieu, Qu'elle est trés importante : & qu'elle suffit seule

le pour juſtifier le Promoteur. Car ſi les Chanoines & les Beneficiers de la Cathedrale d'Alet n'ont pas dû croire ces Meſſieurs legitimement rétablis ſans une ample information du pouvoir de M.
l'Eveſque d'Alby, ils ont donc eſté obligez de les éviter pour ne pas
encourir les peines portées par les Canons contre ceux qui commu-
quent avec des excommuniez, & par conſequent ils ont dû ceſſer
l'office quand ces excommuniez ont voulu de force le faire avec
eux, & comme c'eſtoit un ſcandale qui n'eſtoit pas à ſouffrir le Promoteur auroit manqué à ſon devoir s'il ne l'avoit empeſché par la
ſeule voye qu'il le pouvoit faire, en executant un Decret de priſe de
corps trés legitimement obtenu.

Ie dis en 2. lieu, Que cette queſtion eſt trés aiſée à vuider, puiſqu'il eſt marqué en termes exprés par le droiĉt Canonique *Sicut no-*
bis. De Sent. excom. que des perſonnes ayant une fois eſté excommu-
niées on les doit toûjours traitter en excommuniez, & les eviter, &
les faire eviter comme tels, ſi l'on n'eſt aſſeuré par une voye legitime qu'ils ont eſté abſous, *niſi legitime de illorum abſolutione conſti-*
terit.

Or les Sieurs de l'Eſtang & Rives avoient eſté declarez excommuniez par une Sentence trés juridique de l'Official d'Alet. L'abſolution *à Cautele*, qu'ils avoient obtenuë à Toulouze avoit eſté declarée nulle & de nul effet par une Ordonnance de M. l'Eveſque
d'Alet ſignifiée au Chapitre. Et ſur l'appel que ces Meſſieurs en
auoient interjetté à Narbonne, il leur avoit eſté defendu de faire
aucunes fonĉtions avant que leur cauſe fuſt examinée, ce qui eſt
conforme au Canon du Concile de Sardique. Voilà donc trois jugemens Eccleſiaſtiques, auſquels les Chanoines & Beneficiers de la
Cathedale d'Alet eſtoient obligez de deferer à moins que d'en eſtre
diſpenſez par une autorité ſuperieure.

On leur apporte ſur cela une abſolution *ad cautelam* de M. l'Eveſque d'Alby, qui ſe dit Commiſſaire Apoſtolique en cette part, accompagnée de lettres d'aſſignation au Promoteur pour comparoiſtre deuant luy. Il eſt certain qu'un Commiſſaire qui n'a qu'une autorité deleguée n'a aucun pouvoir d'agir, avant que ſon autorité
ſoit reconnuë, & qu'elle ne le peut eſtre que par l'exhibition du reſcrit qui la luy donne. Or ce reſcrit en vertu duquel M. d'Alby avoit
donné cette abſolution *ad cautelam*, n'avoit point encore eſté ſigni-
fié au Chapitre d'Alet ny au Promoteur, & par conſequent ils ne
pouvoient en conſcience deferer à cét aĉte contre trois autres jugemens Eccleſiaſtiques, parce que ce Prelat n'avoit encore que prepa-
ré les choſes pour ſe faire reconnoiſtre en citant le Promoteur deuant luy pour luy faire voir le Bref de ſa delegation. Et ainſi ces
deux excommuniez s'eſtant preſentez le jour meſme de cette cita-
tion par une precipitation inexcuſable pour celebrer avec eux le

M

service divin, ils estoient obligez de les éviter pour ne point encourir les peines des Canons, puis qu'il est certain que *nullo modo illis legitime constabat de illorum absolutione* : le pouvoir de celuy qui pretendoit les avoir absous ne leur estant point encore suffisamment connu, & ne le pouuant estre que par l'inspection du Bref de sa legation qu'il n'avoit point encore communiqué.

Ces Chanoines avoient de plus la regle de droit, *de verisimili notitia*, qui les empeschoit de croire que M. d'Alby pûst avoir receu au 12. de Mars un pouvoir du Pape qui l'établit juge de la validité de l'Ordonnance de M. l'Evesque d'Alet, dont Messieurs de l'Estang & Rives avoient appellé au Metropolitain qui n'avoit rendu son jugement que le 22. Fevrier par lequel il leur defendoit de faire aucune fonction. De sorte qu'il y auoit impossibilité morale que M. l'Euesque d'Alby qui citoit le Promoteur le 12. Mars eust esté delegué du Pape pour juger de cette affaire, comme en effet il s'est trouvé qu'il n'a jamais eu aucun pouvoir pour cela, mais seulement pour l'appel des Ordonnances de visite.

Il n'y eut donc jamais d'entreprise plus irreguliere, & plus temeraire que celle de M. le Doyen, & il ne s'en doit prendre qu'à luy mesme, si on a esté contraint de la reprimer par son emprisonnement. Il pretend faire juger une affaire par un Iuge delegué pour une autre affaire. Il engage ce Iuge sans pouvoir à luy donner une absolution *ad cautelam*. Et sur cela seul sans que ce pretendu Commissaire eust pû encore justifier sa commission, & lors qu'il avoit seulement cité les parties pour communiquer son rescrit, avant quoy il ne pouuoit estre reconnu, il veut que des Chanoines oubliant tout ce qu'ils doivent à leur Evesque & à leur Metropolitain, foulent aux pieds leurs Ordonnances qui leur avoient interdit de communiquer avec luy, & qu'eux mesmes s'engagent par là dans les Censures qu'encourent tous ceux qui communiquent avec des excommuniez : *Nisi ipsis de illorum absolutione legitime constiterit.*

Il faut ignorer entierement l'esprit de l'Eglise, ou reconnoistre que les Ecclesiastiques de la Cathedrale d'Alet estoient plus obligez de deferer aux ordres de leur Evesque & de leur Archevesque, qu'à l'avis contraire d'un delegué, qui n'a jamais eu de titre legitime pour cette affaire, mais qui certainement n'en avoit point encore à leur égard, sa commission ne leur ayant point esté signifiée, & nul d'eux ne sçachant ce qu'elle portoit. Ils n'estoiēt donc point encore dispensez d'obseruer les jugemens de leurs legitimes Superieurs. Ils ne pouvoient donc sans peché chanter l'Office divin avec des personnes, qui ne leur devoient passer que pour excommuniez, quand mesme celuy qui les avoit absous auroit eu le pouvoir de le faire, parce que n'en estant pas suffisamment informez, ç'auroit esté à leur égard comme s'il n'eust point esté. Et ainsi tous les Canons qui defendent

ſous peine d'excommunication de communiquer avec les excommuniez les obligeoient à faire ce qu'ils ont fait ; & Monſieur le
Doyen n'en a peu attendre autre choſe que par une extréme ignorance des loix Eccleſiaſtiques, ou par un horrible aveuglement qui
luy faiſoit croire qu'on devoit paſſer par deſſus toutes les loix plûtoſt
que d'entreprendre de le choquer.

On ne peut donc blaſmer le Promoteur, de ce que par une conduite auſſi juſte que neceſſaire, en ſe ſaiſiſſant d'une ſeule perſonne
ſelon le pouvoir qu'il en avoit, a empeſché un tres-grand & tres-
inevitable ſcandale, puis qu'il falloit neceſſairement, ou que les Chanoines d'Alet fuſſent des prevaricateurs des loix de l'Egliſe en chan-
tant l'Office divin auec des excommuniez dont l'abſolution leur
eſtoit au moins incertaine ; ou qu'une Cathedrale demeuraſt ſans
ſervice en des jours tres-ſolemnels , & le peuple troublé dans ſes devotions par l'image affreuſe de cette funeſte broüillerie entre
ceux qui ne luy doivent donner que des exemples de charité & de
paix : *Neceſſe eſt ut veniant ſcandala, ſed væ homini illi per quem ſcan-
dalum venit.*

V. Qvestion.

La 5. & derniere queſtion eſt de ſçavoir, s'il y a de veritables griefs
dans les Ordonnances de viſite de M. l'Eveſque d'Alet, & ſi ces pretendus griefs peuvent excuſer la conduite ſcandaleuſe & emportée
que M. le Doyen a tenuë ſur ce ſujet.

A entendre parler M. le Doyen dans l'acte injurieux du 15. Iuillet
1664. qu'il fit ſignifier à M. d'Alet pour luy declarer qu'il appelloit
de ſes Ordonnances, on croiroit qu'il n'y en euſt preſque aucune
qui ne continſt d'inſupportables abus. Car c'eſt en ces termes qu'il
en parle en ſe plaignant *qu'on avoit fait lecture de certaine Ordonnance renduë contre le Chapitre contenant 20. articles tous quaſi contraires à
la police generale du Royaume , & à l'uſage & poſſeſſion des Chapitres
Cathedraux & notamment de celuy d'Alet.* Et cependant il a luy meſme produit la conſultation qu'il avoit fait faire à Toulouze la veille,
ſur laquelle ſeule il avoir fait ce grand bruit : & il ſe trouve par cette
conſultation qu'on n'avoit peu trouver à redire qu'à 3. articles des
20. que cette Ordonnance contient ; & encore de ces trois il yen
a deux que l'on ne reprend que parce qu'on les a pris à contre ſens ;
& qu'il n'a pas pleu à M. le Doyen, qui ſçavoit fort bien en quel ſens
ils avoient eſté dreſſez, de le faire entendre à ſon Avocat, eſtant bien
aiſe de ſe ſervir de ſon ignorance pour contenter ſa paſſion.

C'eſt ce qu'il eſt important de faire voir. Et pour le montrer avec
plus d'évidence, on rapportera. 1. les propres termes de chaque article des Ordonnances auquel on a trouvé à redire. 2. le pretendu
grief contre cet article qui a eſté propoſé par le Conſeil de M. le

Doyen, & en 3. lieu on fera voir combien ce pretendu grief est ridicule & mal fondé.

2. *Article des Ordonnances de M. d'Alet.*

„ Qu'à l'avenir lors que quelqu'vn des benefices dudit Chapitre
„ fera litigieux, les distributions ne feront point delivrées à aucun des
„ pretendans, quelque service qu'ils puissent rendre, mais qu'elles fe-
„ ront retenuës par le Tresorier & Granatier, jusqu'à ce que le posses-
„ soire ait esté jugé à peine d'en respondre en leur propre & privé
„ nom.

Pretendu grief contre cet Article.

„ Le Conseil sous-signé, deliberant sur l'Ordonnance de visite ren-
„ duë par Monsieur l'Evesque d'Alet contre le Chapitre Cathedral, est
„ d'avis en premier lieu qu'il y a plusieurs articles en ladite Ordon-
„ nance qui grevent ledit Chapitre entre lesquels est l'article 2. qui
„ ordonne absolument sans determination de temps que les benefices
„ qui sont litigieux soient mis *foras*, parce que cela ne peut avoir lieu
„ que contre ceux qui ne font pas possesseurs, estant constant que
„ quiconque a jouy paisiblement d'un benefice pendant l'an & jour,
„ doit jouïr contre tout devolutaire de la faveur de la regle *de annali*
„ & par consequent il ne peut estre deserté de sa possession, que *contra-*
„ *dictorio judicio difinitivo aut interlocutorio.*

RESPONSE.

Ce Conseil avouë donc qu'on ne peut trouver à redire à cet article
qu'au cas qu'il comprist ceux qui auroient esté pendant un an en
possession paisible du benefice. Or M. le Doyen sçavoit bien que
cet article ne s'entendoit que des personnes qui font pourveus en
mesme temps apres la mort du titulaire, ou autre vacance de benefice avant l'an de paisible possession, & non de celuy qui auroit la
possession paisible d'une année, & que ce reglement n'avoit esté fait
que pour se conformer à l'usage des Chapitres de la Province auto-
risé par divers Arrests du Parlement de Toulouze, & pour éviter
que le Chapitre ne payast deux fois, comme il luy estoit souuent arrivé. Et ainsi il n'y eut jamais de plus mauvaise foy, que celle d'un
Prestre qui laisse prendre de travers les Ordonnances de son Evesque
contre sa propre connoissance, pour fonder sur cete méprise qu'il
dissimule par une malice affectée, une opposition scandaleuse à ces
Ordonnances, comme estant extraordinairement prejudiciables au
Chapitre, quoy qu'il sceust tres-bien que celle-cy dont il se plaint
par la plume de son Avocat n'avoit esté faite que pour le bien du
Chapitre, estant bien clair que M. l'Evesque n'y pouvoit avoir aucun autre interest.

15. Article des Ordonnances de M. d'Alet.

Comme aussi nous defendons ausdits habituez de se promener & «
arrester à la Place, carrefours & autres lieux publics, conforme- «
ment à nostre Ordonnance sur ce faite sous les peïnes y portées, que «
nous enjoignons à nostre Promoteur de faire incessamment declarer «
contre les contrevenans.   «

Pretendu grief contre cet Article.

En 2. lieu, est d'avis qu'il y a grief au 15. article, d'ordonner des «
peines aux habituez de ce Chapitre, en cas ils viendront à se pro- «
mener & arrester à la place, carrefours & autres lieux publics ; cela «
estant trop & sans aucune modification : les promenades de soy «
n'estant pas mauvaises, mesme quelquefois estant necessaires, soit «
pour aborder quelqu'un & en faire rencontre, qu'on ne vouloit pas «
aller querir chez soy, ou par d'autres occasions. A raison donc de «
ce, il y a trop de contrainte à cette injonction ; & il semble qu'il «
devoit suffire au Sieur Evesque d'avertir les Chanoines de n'en pas «
abuser ; mais absolument leur défendre les promenades & arrester «
ausdits lieux ; c'est leur imposer une necessité en une chose libre, «
ce qui ne peut estre qu'avec quelque sorte d'injustice.   «

RESPONSE.

Si M. le Doyen avoit fait consulter ces ordonnances par quelque esprit de justice, & non par une pure passion de se vanger, il
auroit averty cet Avocat, que cet article ne regarde que les Ecclesiastiques qui perdent les journées entieres ou des temps notables
dans les places, carrefours & autres lieux publics sans necessité ;
& il auroit reconnu de bonne foy, que ce reglement n'a esté dressé
que sur les instances que luy mesme en a souvent faites, aussi bien
que plusieurs autres personnes qui ne pouvoient voir qu'en gemis-
sant, que plusieurs des habituez du Chapitre passassent les journées entieres, ou deux ou trois heures de suitte dans la place d'A-
let, quelquefois mesme avec le surplis, au scandale des habitans de
la ville, qui estant pauvres & reduits à la necessité de travailler incessamment pour gagner leur vie, ne pouvoient souffrir sans mur-
murer, que des Ecclesiastiques qui estoient obligez de leur donner
l'exemple d'une vie chrétienne & en particulier de fuir l'oisiveté,
passassent ainsi leur vie dans la faineantise, n'estant pas d'ailleurs
pour la pluspart selon le monde de meilleure condition qu'eux.
M. le Doyen sçait fort bien que ce n'est qu'en cette maniere qu'on
a entendu cette ordonnance comme l'experience l'a fait voir jusques icy, & qu'ainsi tout ce que cet Avocat y oppose *de la necessité
d'aborder quelqu'un*, & autres semblables inconveniens est entiere-

ment ridicule, puisque ce n'est pas dequoy il s'agit, mais d'une perte notable de temps en des promenades non seulement inutiles,
mais indecentes & scandaleuses dans les places publiques & dans
les carrefours ; ce que l'écriture nous donne pour un des principaux caracteres de cette femme débauchée dont il est parlé dans
les Proverbes, qui est la figure de toutes les ames qui quittent Dieu
pour se prostituer à l'amour du monde : *Garrula & Vaga quietis
impatiens, nec valens in domo consistere pedibus suis, nunc foris, nunc
in plateis, nunc juxta angulos insidians.*

Les Peres n'ont pas parlé avec moins de force contre cette oisiveté & cette legereté si prejudiciable & si mal seante à des Ecclesiastiques : Et entr'autres, S. Hierosme dans sa lettre à Nepotien,
opposant un bon Ecclesiastique à un déreglé, donne pour marque
de l'un, qu'il aime le silence & la retraite ; & de l'autre, qu'il se
plaist dans les foires, dans les carrefours & dans les places publiques, & il joint à cela le babil & l'impudence comme estant les
compagnes inseparables de cette envie de courir. *Tu aurum contem-
nis*, dit il, *alius diligit : tu calcas opes, ille sectatur : tibi cordi silen-
tium, mansuetudo secretum : illi verbositas attrita frons, cui nundinæ,
fora placent, & plateæ. In tanta morum discordia quæ potest esse con-
cordia.*

Mais comme rien n'est davantage du devoir des Evesques que de
faire observer les Canons, que peut-on trouver à redire à une Ordonnance si raisonnable en elle mesme, qui n'est qu'un renouvellement de ce qui a esté ordonné par de tres saints Conciles de l'E-
glise. Il n'y en a guere qui ait plus travaillé à regler la vie & les
mœurs des Ecclesiastiques que le 4. Concile de Carthage. Et c'est
ce Concile qui fait deux Canons exprés ; sçavoir le 47. & le 48. de
ce qui a esté ordonné par M. d'Alet : *Clericus per plateas, & andro-
nas, nisi certa & maxima officij sui necessitate non ambulet. Clericus
qui non pro emendo aliquid in nundinis vel in foro deambulat, ab officio suo degradetur.*

Le Penitentiel d'Ecbert Archevesque d'Iorc. c. 3. *Clericus absque
Prioris sui jussu, si per plateas civitatis inutiles decursus peragat, pœnitentiam agat.*

Et le Concile de Narbonne de l'an 585. qui est une loy qui oblige
encore plus particulierement toute la Province de Narbonne, fait
le mesme reglement au canon 3. comme ayant déja esté fait par
les anciens canons. *Nam & hoc secundum priscorum canonum fini-
tum, ut nullus Clericus, Subdiaconus, Diaconus, vel Presbyter in plateis resideat ; certe nec in plateis stare, & famulis diversis commisceri.
Quod si quis facere præsumpserit repellendum omnino ab officio & exe-
crandum. Si non emendaverit, & à communione & ab officio privetur.*

Qui n'admirera donc l'aveuglement de M. le Doyen, qui en com-

muniquât cette confultation, a bien voulu que tout le monde fçeuft
qu'une des raifons qui l'a porté à s'oppofer avec tant de violence
aux Ordonnances de fon Evefque, a efté pour empefcher qu'il n'ar-
reftaft un defordre qui fcandalifoit le peuple,& qui a efté condamné en propres termes il y a plus de mille ans par les canons de l'E-
glife, & en particulier par ceux de la Province de Narbonne.

16. *Article des Ordonnances de M. d'Alet.*

Faifant droit fur les plaintes & requifitions de noftre Promoteur "
contre ceux defdits habituez qui fe vont confeffer à des Preftres "
non approuvez par nous pour leurs Confeffions, & mefme hors le "
Diocefe, contre nos défenfes expreffes, & contre ceux qui n'ont "
point fatisfait à la Confeffion annuelle, &c. Nous avons fait & fai- "
fons tres-expreffes inhibitions & défenfes à tous les habituez dudit "
Chapitre, DEMEURANS OU RESIDANS DANS ALET, de s'aller con- "
feffer à d'autres Preftres qu'à ceux qui font approuvez par nous "
pour oüir leurs Confeffions, fi ce n'eft par la permiffion du Sieur "
Archipreftre d'Alet, ou par la noftre par écrit, à peine de fufpenfe "
ipfo facto, s'ils font dans les ordres facrez, ou d'interdit auffi *ipfo* "
facto à nous refervé s'ils font dans les moindres ordres, ou dans la "
clericature feulement, &c.   "

Grief pretendu contre cet Article.

En troifiéme lieu, le Confeil fous-figné eftime qu'il ya un grief "
qualifié en l'article 16.dans lequel ledit Sieur Evefque veut aftrein- "
dre tous les habituez du Chapitre de fe confeffer à certains Prê- "
tres par luy defignez, & non à d'autres, ny ailleurs, quoy qu'ap- "
prouvez, parce qu'il femble que cela choque les anciens canons, "
& la coûtume univerfelle de l'Eglife, qui veut qu'il foit permis à "
un chacun de s'aller confeffer indifferemment à tous Confeffeurs "
approuvez, *ne periculum immineat animarum*, ce qui arriveroit fi "
lefdits Confeffeurs eftoient prefix & en petit nombre. Et quand "
bien ledit Sieur Evefque auroit le pouvoir de faire une Ordon- "
nance contraire à la police generale de l'Eglife il ne feroit pas ex- "
pedient qu'il la fift à caufe de beaucoup d'inconvenienstous les "
jours.   "

RESPONSE.

Cet Avocat allegue hardiment les anciens canons qu'il n'a jamais veus. S'il avoit feulement ouvert Bochel, qui a fait une com-
pilation des Statuts Provinciaux & Synodaux de l'Eglife de France,
divifée par matieres ; il auroit reconnu que M. l'Evefque d'Alet n'a
rien fait en cela que d'autres faints Evefques n'ayent fait avant luy
dans cette propre efpece. C'eft ce qui fe voit par ce Decret de Gau-
tier Evefque de Poitiers, dans fon Synode de l'an 1304. *Cum cura*

Decreta
Bochelli
lib. 2. Tit.
7. c. 155.

& follicitudo totius Diœcefis nobis incumbere dignofcatur, præcipimus, quod Abbates, Abbatiffæ, Priores & alij Prælati qui præfunt conventibus vel capitulis tam fecularibus quàm regularibus immediate nobis fubjeĉtis, Archipræsbyteri, Decani & Sacerdotes curati, NOBIS VEL POENITENTIARIIS NOSTRIS CONFITEANTUR VEL ILLIS QUOS SPECIALITER DEDERIMUS CONFESSORES:.... *Item inhibemus ne Canonici in locis collegiatis conftituti, vel aliæ perfonæ in conventualibus & Ecclefiis* * * * *vel Congregationibus Ecclefiafticis fecularibus vel regularibus non exemptis conftitutæ, quibus non præeft à nobis fuperior curam habens ipforum fpecialiter animarum aliquem eligant confefforem, nec ab eo recipiant Ecclefiæ Sacramenta, nec ea aliqui fibi miniftrent, vel ipforum confeffiones audiant in foro pœnitentiali abfolvendo,* QUIBUS HOC NON FUERIT A NOBIS SPECIALITER INJUNCTUM, *vel quibus ab Epifcopo Piĉtavenfi cura ipforum commiffa non fuerit animarum.*

Ibid. cap.
156.

Vn autre Evefque de Poitiers nommé Aimery, dans un Synode de 1367. ordonna la mefme chofe, défendant aux Abbez, Abbeffes, Prieurs & autres Superieurs des Couvens ou des Chapitres, tant feculiers que reguliers, comme auffi aux Doyens, Archipreftres & Curez, de fe confeffer à d'autres qu'à luy ou à fes Penitenciers, ou à ceux qu'il leur donneroit pour Confeffeurs. *Item cum cura & follicitudo noftræ Diœcefis nobis pertinere dignofcatur præcipimus quod Abbates, &c. nobis vel noftris pœnitentiariis confiteantur,* VEL ILLIS QUOS SIBI DEDERIMUS CONFESSORES. *& inhibemus ne aliquis eos abfolvat, nifi à fede Apoftolica, vel ejus legato, vel à nobis habeant poteftatem.* Ce qui fe doit entendre d'un pouvoir fpecial que le Pape euft donné pour une caufe legitime d'abfoudre une certaine perfonne, comme il arrive dans les cas refervez au Pape.

Nous apprenons des inftructions de S. Charles pour les Confeffeurs, qui ont efté imprimées par l'ordre de l'Affemblée Generale du Clergé de France de l'année 1657. qu'il obfervoit la mefme conduite, en ne laiffant pas aux Ecclefiaftiques le pouvoir de fe confeffer à toutes fortes de Preftres mefme approuvez, mais feulement à ceux qu'il députoit particulierement pour entendre leurs Confeffions, comme fait M. d'Alet, en fuivant l'exemple de ce grand Saint. Car dans les inftructions à ceux qui doivent adminiftrer le Sacrement de Penitence dans la Ville & Diocefe de Milan, il avertit chaque Confeffeur *de ne confeffer perfonne du Clergè feculier s'il n'a efté particulierement député pour le faire.* Nous voyons encore que dans les inftructions aux Confeffeurs reguliers, il dit: *Que ceux qui font deputez pour confeffer, n'eftant pas tous doüez d'une égale fuffifance: les Superieurs des Monafteres doivent marquer à leurs Confeffeurs quelle forte de perfonnes ils doivent confeffer, & de quels cas ils doivent abfoudre, felon la plus grande ou moindre capacité de chacun*

d'eux.

d'eux. Et mesme au temps des Iubilez où l'on s'imagine par une erreur assez commune, que tout Prestre peut absoudre, il y avoit beaucoup de Confesseurs à qui il ne donnoit le pouvoir de confesser qu'avec l'imitation; & il remarque en particulier que les Curez ne pouvoient absoudre que ceux de leur parroisse, ce qui a lieu à plus forte raison en un autre temps, comme il dit expressément dans une autre instruction.

Le Clergé ayant donné tant d'éloges à ces instructions de saint Charles, il est bien étrange qu'un Avocat ose dire, *que la coûtume universelle de l'Eglise veut qu'il soit permis à un chacun de s'aller confesser indifferemment à tous Confesseurs approuvez.* Neanmoins il a eü ensuite quelque honte de sa hardiesse. Car il n'ose pas asseurer que M. l'Evesque d'Alet n'ait pas eü le pouvoir de faire cette Ordonnance; mais il se reduit à dire, que quand il l'auroit pû faire, il n'auroit pas esté expedient qu'il la fist à cause de beaucoup d'inconveniens: comme s'il estoit meilleur juge de ce qui est avantageux à la sanctification des Ecclesiastiques du diocese d'Alet, qu'un Evesque qui travaille depuis 25. ans avec une vigilance infatigable, & une charité apostolique à trouver les moyens les plus propres pour les faire entrer dans l'accomplissement de leurs devoirs sur lesquels Dieu les jugera. M. le Doyen mesme sçait bien que ce reglement n'a esté fait que par le mouvement d'un zele trés sincere pour le bien des ames, & qu'il n'a eu pour but que d'empescher la profanation du sacrement de Penitence que faisoient quelques-uns des habituez du Chapitre, s'allant confesser sacrilegement hors du diocese à Limoux & ailleurs, à des Confesseurs non approuvez pour fuïr la discipline du diocese, & avoir plus de liberté de mener une vie peu conforme à la sainteté de leur estat, & de vieillir dans leurs mauvaises habitudes. Et enfin cét article de l'Ordonnance de visite ayant esté enuoyé de la part de M. l'Archevesque de Narbonne à M. Grandin pour le faire consulter, ce Docteur l'ayant examiné avec 5. autres de ses Confreres, ils respondirent, comme on l'a appris par la lettre qui en fut écrite au Vicaire General de Narbonne, que *quoy que cette Ordonnance parust d'abord severe, elle pouvoit neanmoins estre fort juste & necessaire, pour affermir la discipline du diocese & procurer le salut du Clergé, qui a besoin de Confesseurs habiles & spirituels, & partant bien choisis: Qu'on la pouvoit appuyer de la pratique de S. Charles selon qu'il est marqué dans les Actes de son Eglise, & par d'autres plus anciens reglemens des synodes de France rapportez par Bochel, & par la raison mesme. Qu'à la verité le nombre des Confesseurs deputez pour le Clergé du Chapitre pourroit estre si petit que les consciences en pourroient estre gesnées, ce qui les empeschoit de prononcer absolument sur ce cas, parce qu'ils ignoroient cette circonstance: & que cela dependoit moins de la doctrine que de la prudence; de sorte qu'il falloit beaucoup s'en re-*

N

mettre aux lumieres & jugement d'un bon Evesque appliqué fidellement à la sanctification de son Clergé.

On ne pouvoit rien répondre sur ce sujet de plus judicieux & de plus solide. Car en effet la seule chose qui pourroit faire de la peine, est que le nombre des Confesseurs estant trop petit, les consciences n'en fussent gesnées. Mais c'est ce que M. d'Alet a eu grand soin d'éviter. Car n'y ayant en tout que 28. personnes dans le Chapitre d'Alet, il a nommé dix Confesseurs fort éclairez & fort gens de bien, à chacun desquels ils se peuvent adresser à leur choix : ce qui sans doute doit suffire aux plus difficiles, pourveu qu'ils regardent la confession comme un moyen de se relever & de se corriger de leurs fautes, & non pas comme une simple décharge qui se doive toûjours recommencer sans aucun amendement.

Mais comme il n'y a presque rien de tout ce qu'à fait M. d'Alet, pour travailler utilement à la reformation & à la sanctification de son Clergé, qui y puisse tant contribuer que ce choix des Confesseurs habiles & spirituels, qui soient chargez de sa conduite, il ne faut pas s'étonner si c'est aussi ce que le diable s'efforce le plus de rendre odieux pour en empescher le fruict.

C'est surquoy les Sieurs de l'Estang & Rives declament avec plus d'emportement dans leurs escritures. Ils n'ont presque rien à dire sur les autres pretendus abus des ordonnances de visite, & on voit bien qu'ils n'en parlent que pour n'estre pas tout à fait muets, apres avoir tant fait de bruit contre toutes ces Ordonnances. Mais sur cet article, il n'y a rien de pareil à la chaleur qu'ils témoignent.

Enfin, disent-ils, *il n'y eut jamais rien de si extraordinaire que la restriction des Confesseurs portée par le 16. Article.* On voit assez par ce qui a esté dit, que c'est l'ignorance des Canons, & mesme de ce que saint Charles a étably de nostre temps qui les fait parler ainsi. Mais pour les faire revenir de l'étonnement où ils témoignent estre de ce choix des Confesseurs comme d'une chose la plus extraordinaire du monde, il ne faut que les supplier de sçavoir des Iesuites, comment ils en usent dans leurs maisons ; & s'il n'est pas vray qu'il n'y a pour l'ordinaire que deux Confesseurs, ausquels tous les Religieux au nombre quelquefois de plus de 50. soient obligez de se confesser (sans parler des cas reservez au Superieur) ce qui est bien une autre *restriction* que celle de dix Confesseurs pour 28. Ecclesiastiques : s'il n'est pas vray que cette pratique est commune dans presque toutes les Communautez reformées : & si ceux qui ont étably ces reglemens ont eü pour but *de gesner & de bourreller* les consciences, ou plûtost de contribuer efficacement par ce moyen à leur avancement spirituel ?

Qu'ils aillent donc dire aux Iesuites & à ces Religieux comme ils font à M. d'Alet : *Que cette contrainte est contraire aux Conciles & à la pratique universelle de l'Eglise : Qu'il n'y a rien de si libre dans le Christianisme, & que rien ne le doit estre tant que le choix des Confesseurs ; & qu'autrement le sacrement de Penitence seroit une gesne & une torture insupportable, & comme dit le Concile de Trente,* ESSET CARNIFICINA ANIMARUM ET NON MEDICINA. Que répondront ces bons Peres que M. d'Alet ne puisse respondre avec bien plus de raison, puisque ce qu'il fait est bien moins contraint. Diront-ils que cette conduite est propre à un estat aussi parfait que le leur ? Il n'est donc pas vray que cette discipline soit une gesne & une torture insupportable : il n'est donc pas vray qu'il n'y ait rien qui doive estre si libre que le choix des Confesseurs, puis qu'il est utile que ce choix soit restreint, afin que la Confession soit plus salutaire à ceux qui ont plus d'obligation de s'avancer dans la perfection chrestienne. Il n'est donc pas vray que donner dix Confesseurs à 28. personnes, soit une chose contraire aux Conciles & à la pratique universelle de l'Eglise, puisque la pluspart des Religieux reformez croyent pouvoir n'en donner que deux ou trois à 40. ou 50. personnes sans rien faire de contraire aux Canons & à la pratique universelle de l'Eglise. A quoy on peut ajoûter que les Ecclesiastiques estant obligez par leur estat d'estre pour le moins aussi parfaits que les Religieux ; quelle raison y auroit il de s'imaginer qu'un Evesque étably de Dieu, pour travailler non seulement au salut, mais aussi à la perfection de son Clergé, n'ait pas autant de droit que les Superieurs de Religion de se servir d'un moyen qu'ils ont trouvé avantageux à l'avancement des ames.

Mais il ne faut pas obmettre l'étrange falsification qu'ils font du Concile de Trente, en luy attribuant cette pensée que si le choix des Confesseurs n'estoit tout à fait libre, la confession seroit *non une medecine, mais une bourrellerie des ames.* Au lieu que le Concile ne dit autre chose sess. 14. c. 5. sinon que c'est une impieté de dire, que la confession telle qu'elle est commandée dans l'Eglise soit impossible, ou de l'appeller une bourrellerie des consciences : *Sed & impium est, confessionem, quæ hac ratione fieri præcipitur, impossibilem dicere, aut carnificinam illam conscientiarum appellare.* Or il est indubitable que la confession a esté commandée par le Concile de Latran sans laisser au penitent le choix des Confesseurs, puisque le Concile ordonne que ce soit au propre Pasteur, à moins qu'on n'ait une juste cause de se confesser à un autre apres en avoir eü la permission du propre Pasteur. Et ainsi on ne peut excuser *d'impieté* le discours de ces deux Prestres, qui veulent *que la Confession soit une bourrellerie des consciences,* à moins qu'on n'ait une liberté effrenée de choisir tel Confesseur que l'on veut : ce qui n'estant point permis, comme il a déja esté dit, dans la pluspart des Communautez Religieuses, il faut qu'ils jugent que les Superieurs de ces maisons *sont des bourreaux & non pas des medecins des ames,* & qu'ils les accusent d'autoriser une

pratique qui doit produire plus de sacrileges que de veritables confessions. Car c'est encore ce qu'ils osent dire en ces termes : *C'est la
pratique universelle de l'Eglise que l'on choisisse tel Confesseur que l'on
veut ; & autrement n'est-il pas vray de dire, que si ce choix n'estoit pas
libre, l'on verroit tous les jours plus de sacrileges que de veritables confessions.* Mais qui ne voit au contraire, que la plus grande cause des
sacrileges qui se commettent dans la confession, est l'ignorance, ou le
peu de zele des Confesseurs, qui souffrent que tant de personnes abusent de ce sacrement en s'y presentant sans disposition, sans avoir
le cœur converty à Dieu, & sans un veritable dessein de changer de
vie : Et ainsi quel moyen plus efficace peut prendre un Evesque
pour empescher ces sacrileges qui perdent tant d'ames, que de faire
en sorte autant qu'il peut, que ceux sur tout qui ont plus besoin de
personnes sages & éclairées qui leur representent leurs devoirs, &
qui les y fassent entrer, comme sont les Ecclesiastiques, ne se confessent qu'à des Prestres, dont l'intelligence & le zele luy soient con-
nus, les designant en assez grand nombre pour ne pas laisser aucun
pretexte raisonnable de dire qu'on veüille gesner les consciences,
& se reservant mesme comme fait M. d'Alet de donner permission
d'aller encore à d'autres quand on la luy demandera pour quelque
cause raisonnable, selon qu'il est marqué dans le Concile de Latran.

Car c'est une fausseté punissable de dire, comme font les Sieurs
de l'Estang & de Rives pour décrier la conduite de leur Evesque,
*que bien loin de suivre cette pratique du Concile de Latran, il semble
que son dessein soit d'abolir l'usage des confessions, quoy que comme dit
Pie V. dans son Catechisme sur le Concile de Trente, l'on doive à ce
sacrement tout ce qui reste de pieté chrestienne.* C'est à dire que le
diable a tellement troublé la veuë de ces deux Prestres passionnez,
qu'au lieu que tout le monde admire le zele de M. d'Alet, & les peines incroyables qu'il se donne pour faire refleurir la pieté dans son
diocese, il leur semble au contraire que son dessein est d'y étein-
dre tout ce qui y peut rester de pieté chrestienne, en y abolissant
l'usage des confessions. Peut-on s'imaginer une plus noire calomnie, mais qui fait voir en mesme temps combien la malice est im-
puissante pour noircir une vertu si pure, puis qu'on est reduit à l'attaquer par des impostures si hors d'apparence ?

On voit par là quel est l'esprit qui les anime, & qui leur inspire
cette maligne passion de décrier ce qu'il y a de plus loüable dans la
conduite de ce Prelat, qui est le soin qu'il a pris à l'exemple de saint
Charles de rétablir quelque chose de la discipline ecclesiastique,
dont le renversement au jugement des plus gens de bien est la cause
des desordres qui ont inondé l'Eglise dans ces derniers siecles. C'est
ce qui leur fait representer dans ce mesme endroit de leur Avertissement comme un étrange abus qui iroit à abolir le sacrement de

Penitence, *que l'on differe l'abfolution* quand les Confeffeurs le jugent neceffaire pour le bien du penitent, comme fi l'on pouvoit faire autrement en beaucoup de rencontres fans trahir les ames, & les
engager en des facrileges, ainfi que faint Charles l'a remarqué fi
fouvent dans fes Inftructions aux Confeffeurs fi hautement loüées
par l'Affemblée generale du Clergé de France. C'eft ce qui leur
fait dire par la fuite du mefme décry accompagné d'une infigne
fauffeté, que *c'eft de là que naiffent le grand nombre d'interdits & d'excommuniez que l'on voit dans le diocefe d'Alet, où l'on peut dire fans
exaggeration qu'il y en a plus que dans tout le refte du Chriftianif-
me, n'y ayant point de paroiffe où l'on ne voye plufieurs perfonnes
frappées de ce foudre du ciel, & des cenfures ecclefiaftiques, & le
plus fouvent pour des pretextes frivoles.* Autant de menfonges que
de mots. Il y a plus de cent trente paroiffes dans le diocefe d'Alet
ou environ. S'il n'y en avoit donc aucune, où il n'y euft plufieurs
excommuniez & interdits, il faudroit qu'il y en euft au moins 3. ou
400. Et cependant il n'y a pas en tout le diocefe plus de 15. ou 16.
interdits au plus, & un feul excommunié, & cela pour des fujets
importans, & qu'on ne peut appeller *des pretextes frivoles* fans
avoir perdu tout fentiment de pieté. Ce n'eft donc pas un fujet de
reproche, mais de loüange à M. d'Alet, de ce qu'il y a quelques interdits dans fon diocefe, parce que c'eft une marque de fa vigilance & du foin qu'il prend felon le devoir de fon caractere d'arrefter les defordres par la crainte des cenfures de l'Eglife. Mais c'eft
une marque de la benediction que Dieu donne à fes travaux, de ce
qu'il n'y a pas plus de perfonnes qu'il foit obligé de traiter avec cette
jufte feverité.

Apres que les Sieurs de l'Eftang & Rives ont defchargé leur venin contre leur Prelat avec une fi extréme infolence, il ne faut pas
s'étonner s'ils le répandent encore contre ceux qu'il employe à la
conduite des ames, & s'il apporte pour derniere raifon contre cette
Ordonnance, *Que les Confeffeurs que M. d'Alet a nommez pour les
Ecclefiaftiques de la Cathedrale leur font extrémement fufpects, eftant
tous fes Officiers ou fes domeftiques, dans l'engagement de fa doctrine
particuliere, & dévoüez à tous fes emportemens.* A quoy ils ajoûtent,
*Que fi dans une matiere contentieufe un juge fufpect doit eftre recufé,
à plus forte raifon l'Eglife doit difpenfer un penitent de fe confeffer
à une perfonne fufpecte.* Mais tout cela n'eft qu'une declaration injurieufe & fans fondement. On n'a jamais obligé qui que ce foit, dans
le diocefe d'Alet defe confeffer à une perfonne qui luy fuft fufpecte
& le moindre fujet que quelqu'un a eu d'en demander un autre, jamais cela ne luy a efté refufé. Mais n'y a-t il qu'à charger d'injures
des Preftres choifis par un Evefque tres pieux & tres éclairé pour
confeffer les Ecclefiaftiques de fa Cathedrale, & dire en l'air qu'ils

font fufpects, pour le déchirer en fuite comme un boureau des ames, qui les engage dans des facrileges par une contrainte infupportable? *Ils font tous*, difent-ils, *fes Officiers, ou domeftiques.* Cela eft faux, y en ayant plufieurs qui ne font ny l'un ny l'autre, & aufquels par confequent pourroient aller ceux qui par un caprice fans raifon ne voudroient pas fe confeffer à ceux qui demeurent chez luy, ou qui font fes Officiers. Mais qui jamais entendit parler d'une pareille folie, qu'un Preftre foit juftement fufpect aux Ecclefiaftiques d'une Cathedrale, ou parce qu'il demeure chez l'Evefque, & chez un Evefque dont la pieté eft reverée de toute la France, ou parce que ce Prelat l'a jugé digne de quelque employ, par la connoiffance qu'il a de fa fuffifance & de fa vertu. Les Evefques font les Vicaires de IESUS CHRIST dans leurs diocefes. Ils font établis pour eftre la fource & le principe de toutes les fonctions hierarchiques, & les Directeurs de toutes les ames que le Saint Efprit a foûmifes à leur vigilance & à leurs foins, comme en devant rendre compte à Dieu felon la parole de faint Paul. Ils les devroient toutes conduire par eux-mefmes s'ils le pouvoient. Mais cela ne fe pouvant les Preftres qui leur font donnez pour aides ne doivent agir avec eux que dans l'unité d'un mefme efprit, comme le marque l'Apoftre, quand il dit, que *celuy qui plante, & celuy qui arrofe ne font qu'un*, & comme les Canons l'ordonnent, lors qu'ils recommendent tant de fois aux Prêtres de ne rien faire que fuivant les ordres & le confeil de leur Evefque. D'où peut donc venir une fi extravagante penfée, que ce foit une raifon qui rende un Preftre fufpect à des Ecclefiaftiques pour le gouvernement de leur confcience, de ce qu'il eft uny avec fon Evefque, de ce qu'il demeure chez luy, de ce qu'il reçoit de plus prés fes inftructions & fes lumieres, ou de ce qu'il eft employé par luy aux plus importantes affaires du diocefe ? C'eft pourtant ce que veulent ces deux pretendus reformateurs du diocefe d'Alet ? Si on les en croit une des plus effentielles conditions à un Confeffeur pour n'eftre point fufpect au Chapitre, c'eft de n'avoir que du mefpris pour un des plus pieux Prelats de l'Eglife ; c'eft d'eftre ligué avec fes ennemis ; c'eft de luy faire cent méchans procez ; c'eft de le déchirer par toutes fortes de calomnies. A moins que cela quelque vertu qu'ait un Preftre, quelque exemplaire que foit fa vie, s'il a de l'eftime & de la veneration pour fon Prelat, il eft *fufpect & recufable*, parçe qu'on pourra dire de luy, *qu'il eft dans l'engagement de fa doctrine particuliere, & dévoüé à tous fes emportemens.* Rien n'eft à l'épreuve de ces termes myfterieux, & jamais celuy qui eft appellé *calomniateur* par excellence, n'en inventa de plus propres à diffamer les plus gens de bien. Si un Evefque a du zele pour maintenir la difcipline & la puiffance de l'Eglife, on le fera paffer pour un *emporté* ; & ceux qui font perfuadez qu'il ne regarde que Dieu en cela,

&qu'il n'a pour but que de satisfaire aux devoirs de son caractere, pour des gens *dévoüez à tous ses emportemens*. S'il a soin de ne nourrir les brebis de IESUS-CHRIST que de la doctrine de IESUS-CHRIST, & des maximes de l'Euangile, parce qu'on ne trouvera pas que cela soit fort conforme aux nouveaux relaschemens d'une Morale corrompuë, on s'efforcera d'en donner de l'éloignement au peuple, en qualifiant tout cela de *doctrine particuliere* ; & ce sera assez pour rendre *suspects* tous ceux qui conduiront les ames par ces maximes euangeliques selon l'esprit de ce Prelat, en disant qu'il les faut fuïr comme estant *dans l'engagement de sa doctrine particuliere.*

Il y a encore un autre mot qui leur paroist fort commode pour décrier les reglemens les plus saints, qui est de se plaindre en l'air qu'ils sont contraires *à l'usage de l'Eglise*, sans dire autre chose, mais voulant adroitement faire passer toutes sortes d'abus, lors qu'ils sont en coûtume, & que la connivence des faux directeurs les entretient dans le monde à la perte & à la ruïne des ames, pour le vray usage de l'Eglise. En voicy un exemple illustre. Vn fameux Casuiste pretend que des Prestres apres une confession d'un demy quart d'heure peuvent aller à l'autel le jour mesme qu'ils auroient commis les plus horribles infamies : & sur ce qu'il s'oppose à luy-mesme les canons qui defendent un si étrange desordre, il respond *qu'ils sont abolis par la coûtume generale de toute la terre.* De sorte que selon l'esprit de ces gens-là ce seroit s'opposer *à l'usage de l'Eglise* par une insupportable severité, que de condamner aujourd'huy une si abominable pratique.

Il n'y a dõc rien qui marque un plus grand aveuglemẽt que la maniere pleine de fiel & d'aigreur dont les Sieurs de l'Estang & Rives combattent l'Ordonnance de M. d'Alet touchant le choix des Confesseurs qu'il a approuvez pour les Ecclesiastiques de sa Cathedrale. Mais c'est une étrange hardiesse de parler comme ils font au nom de ceux qui les ont tant de fois desavoüez, & qui l'ont encore fait depuis peu par une déliberation capitulaire du 14. Avril 1665. & de l'advis mesme du Sieur Fabre Chanoine qu'ils avoient gagné d'abord, & à qui Dieu depuis a fait la grace de reconnoistre qu'il luy est bien plus seur de suivre la voix d'un si bon Pasteur, que celle de ces deux brebis séduites qui ne travaillent qu'à ravager la bergerie.

Enfin Dieu a permis pour les remplir de confusion, qu'ils ayent eux-mesmes découvert que ce n'est qu'un mouvement de vengeance qui a poussé M. le Doyen à traitter si outrageusement ce qu'il a autrefois approuvé quand il a eü l'esprit calme, & libre de passion. Car il a luy-mesme produit une Ordonnance de M. d'Alet du 5. Decembre 1660. toute semblable, comme il dit luy-mesme, à celle du 11. May 1663. touchant la nomination des Confesseurs. Pourquoy donc *ce genereux deffenseur des privileges du Chapitre*, comme il s'appelle luy-mesme, ne s'est-il point alors avisé de s'opposer à une pratique qu'il dit maintenant, estre *une gesne & une torture insupportable, & n'estre propre qu'à engager en des confessions sacrileges?* Il avoüe que cette Ordonnance de 1660. fut signifiée au Chapitre d'Alet aussi bien qu'aux autres. Pourquoy donc ne s'y opposoit-il pas? Où estoit son zele pour maintenir les pretendus droicts de sa compagnie, qui luy fait dire aujourd'huy que les Chanoines qui ont souffert ce reglement en 1663. *ont trahy leur conscience en n'observant pas le serment qu'ils avoient fait en entrant dans le Chapitre lors de leur reception?* D'où vient que toutes ces pensées ne sont pas venuës dans l'esprit de M. le Doyen trois ans auparavant, lors que M. d'Alet à étably cette mesme *restriction des Confesseurs?* Pourquoy ne trouvoit-il pas alors, & pendant tout le temps que ce reglement a esté observé, *que cette contrainte estoit contraire aux Conciles & à la pratique univerfelle de l'Eglise, & qu'elle rendoit la confession une bourrellerie des ames!* La conduite de M. d'Alet a esté la mesme en ces deux temps, & ces Ordonnances sur ce poinct toutes semblables. Rien n'a changé que l'esprit de M. le Doyen, & rien ne l'a fait changer qu'un mouvement de pique, qui luy a fait prendre pour un mépris insupportable de ce qu'on avoit osé emprisonner son valet acause de ses débauches. Voilà ce qui luy a ouvert les yeux, & fait trouver tant de sujets de scandales, où il n'en avoit trouvé auparavant que d'édification & de loüanges.

D'une autre Consultation du 2. Octobre 1663.

Voilà tous les griefs que M. le Doyen avoit trouvez dans les Ordonnances de M. l'Evesque d'Alet au mois de Iuillet de l'année 1663. lors que le lendemain de cette belle consultation, il fit signifier à M. d'Alet cet acte si outrageux & si plein de faussetez dont il a esté parlé dans la premiere partie de cet Avertissement.

Mais parce que cet Avocat avoit dit à la fin du conseil qu'il donnoit, qu'il avoit obmis d'autres griefs *comme n'estant pas considerables,* ce sont ses propres termes, *qui pourroient estre relevez en temps & lieu,* M. le Doyen qui reconnoissoit sans doute combien ces trois chefs estoient foibles & mal fondez, s'avisa trois mois aprés de s'adresser pour la seconde fois à cet homme qui paroissoit avoir un don si particulier de trouver des griefs où les autres n'en trouvent point. Neanmoins toute son industrie se termina à chicanner encore sur deux autres articles des Ordonnances de la maniere du monde la plus basse, comme l'on verra aprés avoir representé chaque article.

3. Article des Ordonnances de M. d'Alet.

„ Nous défendons aux Chanoines qui seront en tour pour nom-
„ mer & pourvoir aux Prebendes, d'y nommer & les pourvoir d'autres

tres perſonnes que de celles qui ayent les qualitez requiſes par la "
Bulle de Secularifation, à peine de nullité ; & qui ſoient d'ailleurs "
d'une vie exemplaire, & au Chapitre de les admettre à la pointe, "
& de leur donner aucunes diſtributions qu'ils n'ayent acquis leſ- "
dites qualitez, & ſe ſoient rendus capables de rendre le ſervice que "
leurs Benefices doivent à l'Egliſe ſelon ladite Bulle. Et conforme- "
ment au ſaint Concile de Trente, nous défendons aux pourveus de "
s'ingerer de faire aucune fonction qu'ils ne ſe ſoient preſentez par- "
devant nous, & que nous n'ayons reconnu qu'ils ayent leſdites qua- "
litez requiſes par ladite Bulle, & qu'ils ne nous ayēt exhibé leurs let- "
tres d'Ordres, & atteſtations de leur vie & mœurs, à peine de ſuſ- "
penſe *ipſo facto*, à nous reſervée s'ils ſont dans les Ordres ſacrez, "
& d'interdit, auſſi *ipſo facto*, à nous reſervé, s'ils ſont ſeulement "
dans les moindres Ordres, ou dans la Clericature. "

Grief pretendu contre cet Article.

Le Conſeil ſous-ſigné ayant encore eſté requis de déliberer ſur "
les griefs obmis, eſtime qu'il y a grief dans le troiſiéme article, en "
ce que ledit Sieur Eveſque veut s'arroger un droit de ſuperiorité "
& d'inſpection ſur les collations qui dépendent *pleno jure* du Cha- "
pitre ſuivant la Bulle de Secularifation. Car en cela *mittit falcem* "
in meſſem alienam, par entrepriſe de Iuriſdiction. Car, ou le Cha- "
pitre a conferé le Benefice de ſa collation à des perſonnes idoines "
& capables, qui ont les qualitez requiſes par la fondation, ou a des "
inhabiles. Au premier cas, il n'y a rien à dire : Et au ſecond cas, il "
faut venir par la voye. "

RESPONSE.

Voilà une plaiſante façon de parler : *Il faut venir par la voye,*
ſans dire quelle eſt cette voye. Mais il paroiſt que cet Avocat ne
connoiſt gueres, ny l'autorité des Eveſques, ny l'étenduë de leurs
devoirs envers ceux que IESUS-CHRIST a ſoûmis à leur conduite.
M. l'Eveſque d'Alet viſite le Chapitre de plein droit Epiſcopal, ny
limité ny obſcurcy par aucun des pretendus privileges de ceux qui
ſe diſent exempts. Il luy appartient donc de prendre garde que le
Chapitre s'acquite de ſes obligations ; & comme on ne peut introduire dans ſon Dioceſe aucun Eccleſiaſtique ſans ſon ſceu, & ſans
ſon approbation, & que nul n'y peut faire aucune fonction s'il ne
l'en juge capable ; qui peut trouver mauvais, qu'ayant à répondre
devant Dieu & devant les hommes de tout ſon Clergé, il veüille
ſçavoir ſi ceux qui ſont pourveus des Benefices de ſon Dioceſe ſont
capables de ſervir ces meſmes Benefices ſelon l'eſprit de l'Egliſe ?

La Bulle de Secularifation ne contient pas un ſeul mot qu'on
puiſſe dire avec la moindre couleur oſter quelque choſe à M. d'Alet
de ce droit Epiſcopal : Elle eſt au contraire entierement pour l'Eveſ-

que, qui ne confentit à cette Secularifation, fans quoy elle n'euft pû, eftre faite, qu'à condition que toute fon autorité luy feroit confervée. Il eft vray que les Canonicats fe conferent tour à tour par l'Evefque & par le Chapitre : & pour les Prebandiers ou Beneficiers qu'on appelle à Paris Chappellains, les Chanoines prefentent au Chapitre qui inftituë, & tout ce que la Bulle en dit, eft que ceux qu'on nommera, *Periti fint in cantu & in ceremoniis Ecclefiæ :* Ce qui fuppofe les autres qualitez effentiellement neceffaires à un Ecclefiaftique, comme eft la bonne vie & des mœurs irreprochables. Or c'eft à quoy l'Evefque eft obligé de veiller, quelque droit de prefentation qu'ayent les Chanoines, tant pour l'intereft de l'Eglife que pour celuy des Chanoines mefmes, dont il répondra devant Dieu, s'il neglige à les porter à ce qui eft de leur devoir ; & s'il fouffre qu'ils faffent entrer dans l'Eglife Cathedrale des perfonnes incapables pour la fervir, comme il ne fe fait que trop fouvent. Il a donc dû l'empefcher, & il l'a pû non feulement par le droit annexé à fon caractere, mais auffi par les Reglemens de l'Eglife, qui l'ont confervé aux Evefques, comme il paroift par le Concile de Trente, *Seff. 7. ch. 13. de Reform. & Seff. 14. ch. 13. De Reform. & Seff. 25. ch. 9. §. Ad hæc liceat Epifcopo :* Où il eft declaré, que qui que ce foit qui ait droit de prefenter, l'Evefque les doit examiner, & rejetter ceux qui fe trouveroient n'eftre pas capables. *Liceat Epifcopo præfentatos à Patronis, fi idonei non fuerint repellere. Quod fi ad inferiores inftitutio pertineat, ab Epifcopo tamen juxta aliàs ftatuta ab hac fanfta Synodo examinentur.*

Les S^rs de l'Eftang & Rivel ont fait de cette art. dans leur avertiffement la 1re des 4. objections qu'ils font contre les Ordonnances de vifite. Mais ils ne font que copier l'avis de leur Avocat, fi ce n'eft que dans le dilemme qu'il fait à la fin : *Que fi le Chapitre nôme des perfonnes idoines & capables, il n'y a rien à dire, finon il faut venir par la voye,* ils marquent que cette voye eft celle *du deuolut.* De forte que voilà à quoy ils reduifent un Evefque qui a de plein droict toute forte de jurifdiction fur un Chapitre. Ils veulent que ce Chapitre puiffe introduire s'il luy plaift dans fon Eglife des gens incapables, ignorans, vicieux, fcandaleux, fans que l'Evefque le puiffe empefcher, mais qu'il foit reduit aprés que cet homme aura pris poffeffion de ce Benefice, quelque indigne qu'il en puiffe eftre, de chercher un devolutaire, qui faffe venir un devolut de Rome, pour l'en chaffer par un procez qui pourra durer plufieurs années, & où il faudra effuyer mille chicanes. C'eft l'idée qu'ils ont de l'autorité d'un Evefque & du foin qu'il doit avoir de ne point admettre de perfonnes indignes dans fon Clergé. Et parce que M. d'Alet ne s'en croiroit pas déchargé devant Dieu s'il n'y veilloit d'une autre forte, il leur plaift de le déchirer & de reprefenter fes plus juftes & plus falu-

taires Ordonnances, comme contraires aux Canons & à l'usage de
l'Eglise. C'est leur langage ordinaire, & les termes vagues dont ils
croyent pouvoir couvrir leurs plus grands excez & leurs plus injustes diffamations.

9. *Article des Ordonnances de M. d'Alet.*

Et sur la representation faite par nostre Promoteur, que les di- «
stributions des Chanoines & autres habituez dudit Chapitre, ne «
pouvoient plus se continuer au pied des années precedentes, at- «
tendu les divers frais, reparations, dons du Roy, & autres affaires «
urgentes que ledit Chapitre a esté obligé de faire, qui l'ont em- «
pesché d'acquitter & de payer les interests des sommes par luy «
deuës : outre les avances des sommes assez considerables faites par «
le Tresorier, en sorte que si on continuoit lesdites distributions sur «
le mesme pied on engageroit le fond de la manse capitulaire; Nous «
avons ordonné que dans le mois lesdits Chanoines conviendront «
des moyens & des expediens de satisfaire au payement desdites «
debtes, afin d'éviter l'engagement du fond de leur manse, lesquels «
ils nous communiqueront dans ledit delay, pour iceux par nous «
veus & examinez estre pourveu & ordonné ce qu'il appartiendra. «

Grief pretendu contre cet Article.

Est d'avis de plus, qu'il y a grief dans l'article 9. dans lequel le- «
dit Sieur Evesque ordonne que le Chapitre luy communiquera «
l'état des biens de la manse capitulaire, pour par luy veu & exa- «
miné, y estre pourveu & ordonné ce qu'il appartiendra : parce «
que par là ledit Sieur Evesque veut remettre les choses en l'état «
qu'elles estoient avant la Bulle de Secularisation, depuis laquelle «
les portions ont esté faites & les biens partagez en telle sorte que «
le Sieur Evesque n'a rien à voir sur le patrimoine du Chapitre, «
sinon qu'on vint à l'avenir par un notable abus, auquel cas il y au- «
roit les voyes de droit pour se pourvoir : mais que sous ce pretexte «
il ait un droit de curatelle & d'intendance sur les revenus & rentes «
dudit Chapitre, il n'y a propos ny apparence, & ce seroit donner «
une mortelle atteinte à la Bulle de la Secularisation. «

RESPONSE.

Il paroist que cet Avocat est frappé de l'idée de ces Chapitres,
qui par le moyen de leurs pretenduës exemptions croyent avoir tellement secoüé le joug de l'autorité Episcopale, qu'ils tiendroient à
injure que leur Evesque entreprist de leur donner quelque avis.
Mais il n'en va pas de mesme à Alet. Graces à Dieu, on n'y a point
troublé par des privileges l'ordre étably par Iesus-Christ, l'Evesque y est reconnu sans difficulté pour le vray & le legitime Supe-

rieur du Chapitre. Or cela fuppofé que pouvoit faire M. d'Alet que
ce qu'il a fait en cette rencontre. On fe plaint à luy que la menfe
capitulaire s'en va tomber en defordre, que les Chanoines diftri-
buent annuellement plus qu'ils n'ont de revenu, qu'ils font en-
debtez, & qu'ils fe mettent par là hors d'état de pouvoir fatisfaire
à ce qu'ils doivent. Si ces plaintes eftoient mal fondées, il auroit
efté bien facile au Chapitre de juftifier le contraire. Mais fi elles
eftoient veritables comme elles l'eftoient, qui eftoit plus obligé
que l'Evefque de remedier à ce mal, & d'empefcher que le Chapitre ne diffipaft fa menfe, & ne fift tort à fes creanciers, fur tout
au regard d'un Chapitre qui n'eft point exempt, & qui reconnoift
en toutes chofes l'autorité de fon Prelat, qui peut affifter quand il
luy plaift à toutes fes déliberations de quelque affaire qu'on y parle
fpirituelle ou temporelle?

Mais s'arroger cette intendance, dit cet Avocat; *c'eft donner un
coup mortel à la Bulle de la Secularifation*; ce qui eft ridicule, puifque cette Bulle n'en dit pas un feul mot. Mais il paroift que cet
homme ne l'a jamais veuë, & qu'il ne fçait pas feulement dequoy
elle traite. Car il s'imagine que c'eft par cette Bulle que la menfe
capitulaire a efté feparée de la menfe Epifcopale, au lieu que cette
feparation a efté faite dés l'an 1318. & que la Bulle de la Secularifation n'eft que de l'an 1532.

Quoy qu'il en foit, & en quelque temps que la menfe du Chapitre ait efté feparée de l'Epifcopale, cette feparation ne fait pas qu'il
foit permis au Chapitre de faire ce qu'il luy plaira de fon fond. Il
n'en eft pas le maiftre, mais feulement l'adminiftrateur. Et l'Evefque qui eft le Superieur du Chapitre a tellement droit d'en empefcher l'alienation, que le Chapitre mefme de fon cofté, quoy qu'inferieur, a droit par les canons d'empefcher que l'Evefque n'alie-
naft le fond de la menfe Epifcopale. Or c'eft vifiblement une alienation du fond que de faire monter les diftributions plus haut que
le revenu. Et ainfi c'eft une pretention ridicule de fe plaindre que
M. d'Alet ait voulu prevenir ce defordre, veu fur tout qu'il l'a fait
dans les termes du monde les plus moderez, & qu'il ne peut avoir
eü pour but en tout cela que l'intereft mefme du Chapitre.

Autre Article des Ordonnances de M. d'Alet, combatu par les Sieurs de l'Eftang & Rives.

Le Confeil de M. le Doyen, quoy que confulté à deux differentes
fois, n'avoit ofé marquer que 5. chefs des Ordonnances de M. d'A-
let, aufquels il s'eft imaginé qu'on pouvoit trouver à redire. Et encore de ces 5. chefs, M. le Doyen a efté obligé d'en abandonner deux
dans fes ecritures, l'un touchant ceux qui perdent leur temps à fe
promener dans les places publiques & les carrefours, & l'autre pour

empefcher que le Chapitre ne fe mift au hazard de payer deux fois quand une Prebande eft litigieufe. Mais comme il n'y en reftoit que trois , & qu'il fembloit raifonnable que *ce genereux defenfeur des interefts du Chapitre*, n'oubliaft pas fes propres interefts, il s'eft avifé de combattre de nouveau un article qui le regarde, qui eft celuy où M. d'Alet declare que les dignitez du Chapitre font obligez à la refidance. Il feroit bien aife s'il y avoit moyen de fe déli-vrer de ce joug, & de faire de fon Doyenné un Benefice fimple comme on les appelle, qui luy laiffaft la liberté de fe promener où il voudroit. C'eft pour cela fans doute qu'il voudroit bien faire caf-fer cet Article qui l'incommode.

4. *Article des Ordonnances de M. d'Alet.*

Ayant égard aux requifitions de noftre Promoteur & dudit Cha- «
pitre comme en noftre verbal, nous ordonnons conformément au «
S. Concile de Trente, au Concile Provincial & à nos precedentes «
Ordonnances , que les dignitez de noftre Eglife feront refidence «
actuelle & perfonnelle, hors le cas de droit, à peine de priuation de «
tous les fruits & autres plus grandes peines s'il y efchet,& conformé- «
ment audit Concile que le tiers des fruits affectez aufdites dignitez «
fera mis en diftributions qu'ils perdront au prorata des abfences «
qu'ils feront pendant l'année. «

M. Le Doyen combat cét article comme contraire à ce qu'il pre-tend à l'ufage de l'Eglife, qui n'oblige point, à ce qu'il dit , les digni-tez des Chapitres à refider. *Et la raifon en eft*, dit-il, p. 106. de fon avertiffement, *que ces fortes de benefices n'ont point de charge d'ame,ny aucune jurifdiction dans l'Eglife.* Il faut eftre bien aveugle pour n'a-voir pas veu que cette raifon eft ridicule, puis que fi elle eftoit rece-vable tous les Chanoines feroient exempts de refider, eftant certain *qu'ils n'ont point charge d'ames,ny aucune Iurifdiction dans l'Eglife.* Ce n'eft donc point à cela que la refidence eft attachée, mais à cette loy naturelle & Ecclefiaftique, que l'on ne peut point recevoir en confcience le revenu d'un benefice fans le fervir, & qu'on ne peut pas le fervir en eftant abfent,eftant ridicule,par exéple que le Precenteur d'Alet qui doit veiller au chant & à la celebration du fervice cruft s'acquitter de fon devoir en demeurant à Paris,ou mefme à Alet, fans affifter au fervice.Et quand il y auroit quelque dignité qui auroit peu d'éploy,il fuffit qu'elle ait un rang particulier dans une telleEglife,& qu'elle faffe une partie côfiderable de la compagnie qui eft deftinée à y fervir Dieu pour l'obliger à y refider felon l'efprit de l'Eglife.

Mais ils en font difpenfez par l'ufage, dit le Sieur de l'Eftang. Il peut eftre douteux fi cette excufe fera receuë devant Dieu : mais ce qui eft certain eft que cet ufage eftant de foy mefme odieux,abufif & contraire au droit ne peut eftre allegué pour autorifer la non refidence, s'il n'eſt conſtant & étably par une poſſeſſion immemoriale. Or quoy qu'il en ſoit des autres Egliſes cela n'eſt point certainement dans les Egliſes de Languedoc, & il n'en faut point d'autre preuve que le Concile Provincial de Narbonne de l'an 1609. dont M. d'Alet n'a fait que renouveller l'Ordonnance qui eſt dans le chapitre 30. De ſorte qu'il n'y a rien de plus exorbitant que de voir deux Preſtres qui oſent accuſer d'abus l'Ordonnance de leur Eveſque, parce qu'elle eſt conforme aux canons qui ordonnent tout la reſidence, & en particulier au dernier Concile de la Province qui a travaillé tres-utilement à empeſcher cette monſtrueuſe diſtribution des biens de l'Egliſe à des faineãs qui ſe croyent diſpenſez de luy rendre des ſervices qu'ils luy doivent. Mais on peut en particulier avertir M. de l'Eſtang qu'il ne peut rien gagner à cette conteſtation, parce qu'il eſt ſi certain que ſon Doyenné oblige à la reſidence qu'vn Conſeiller du Parlement de Toulouze ne s'en defit entre les mains de celuy dont il le tient, que parce que M. d'Alet le voulant obliger à reſider, il n'oſa pas ſoûtenir qu'il en fuſt diſpenſé, meſme à cauſe de ſa charge.

Voilà tout ce que M. le Doyen, apres deux ans de temps, a pû trouver de chicanneries & dans ſa teſte, & dans celle de ſes amis, pour décrier les Ordonnances de M. d'Alet, & faire croire qu'il a eu grande raiſon de s'y oppoſer, comme eſtant, à ce qu'il dit dans ſes Eſcritures, *ſi préjudiciables aux canons, & aux privileges du Chapitre d'Alet*, qu'il n'auroit pû y conſentir ſans trahir ſa conſcience & violer le ſerment qu'il a fait de maintenir les droits du Chapitre. Qui ne rougira donc d'un emportement ſi déraiſonnable apres avoir veu à quoy tout cela ſe reduit?

Car où ſont les canons qui défendent à vn Eveſque de faire obſerver ceux qui condamnent dans les Eccleſiaſtiques une vie faineante qui ſcandaliſe le monde? C'eſt ce qu'a fait M. d'Alet par le 5. article de ſes Ordonnances, que l'Avocat de M. le Doyen a jugé digne de cenſure.

Où ſont les canons qui luy défendent de veiller à ce qu'un Chapitre non exempt, ne donne point ce qu'on le peut obliger de rendre? C'eſt le ſujet du 2. article que cét Avocat a encore oſé cenſurer pour l'auoir pris à contre ſens.

Où ſont les canons qui ordonnent qu'un Chapitre non exempt pourra diſſiper ſa menſe & ſe mettre en eſtat de fruſtrer ſes creanciers, ſans que l'Eveſque auquel il eſt ſoûmis de plein droict l'en puiſſe empeſcher? C'eſt dequoy ſe plaignent ridiculement les ſieurs de l'Eſtang & Riues dans l'oppoſition qu'ils font au 9. article des Ordonnances de M. d'Alet, qui ne regarde uniquement que le bien & l'intereſt du Chapitre.

Où ſont les canons qui oſtent à vn Eveſque le droict qu'il a par ſon

caractere, d'approuuer ceux qui confessent sous son autorité, & de
nommer dix Confesseurs d'une probité connuë pour 28. Ecclesiastiques, afin qu'ils trouvent en eux de plus grands secours pour arriver
à la perfection de leur estat? C'est contre ce reglement si salutaire
du 16. article des Ordonnances de visite, que ces deux Prestres font
de plus horribles declamations, & qu'ils traitent leur Prelat avec le
plus d'insolence, jusqu'à l'accuser par une imposture criminelle, *de
vouloir abolir l'usage des confessions, au quel on doit particulierement
ce qui reste de pieté dans l'Eglise.*

Où sont les canons qui privent un Euesque du droit qu'il a d'empescher que l'on n'introduise dans son Eglise que des Ecclesiastiques
de bonne vie & de bonnes mœurs, & qui ayent les qualitez necessaires pour la servir; & qui le reduisent au regard mesme des Chanoines sur lesquels il a toute sorte de jurisdiction & d'autorité Episcopale, à les laisser pourvoir des gens incapables & vicieux, sans qu'il luy
reste d'autre voye pour empescher ce desordre que celle qu'auroit le
moindre particulier qui voudroit se rendre devolutaire. C'est le desordre que veulent établir les sieurs de l'Estang & Rives, en haine de
ce que M. d'Alet l'a voulu prévenir par le 3. art. ses Ordonnances.

Où sont enfin les canons qui dispensent de la residence les dignitez du Chapitre d'Alet, que les canons y obligent; que nul usage n'en
a dispensez, & qui y sont particulierement obligez par le dernier
Concile de la Province. C'est le 4. article des Ordonnances qui dé-
plaist à M. le Doyen, parce qu'il trouveroit sans doute à se défaire
plus avantageusement de son benefice s'il ne falloit point y resider.

L'autre pretexte, *des privileges du Chapitre d'Alet*, n'est pas
moins impertinent, puis qu'il est faux que ce Chapitre ait ny exemptions ny privileges, estant soûmis en tout à l'autorité Episcopale,
& aux Loix communes de l'Eglise, qui ne luy donnent aucun droit
de ne pas obeïr aux Ordonnances tres-justes de son legitime Superieur, & d'vn Superieur tel qu'est celuy que Dieu luy a donné par
vne singuliere misericorde, & dont il seroit bien mal-heureux de ne
pas reverer la pieté qui répand *vne odeur de vie pour la vie* selon les
paroles de l'Apostre, en tous ceux qui sont informez d'vne charité si
desinteressée; d'une vigilance si infatigable, & d'une conduite si
Apostolique.

Aussi faut-il auoüer que, hors trois ou quatre personnes, le Clergé
d'Alet connoist son bon-heur, & qu'il a la veneration qu'il doit pour
les éminentes qualitez de son Pasteur. Il faut mesme esperer que
ceux à qui la passion a tourné l'esprit, & qui par un aueuglement dé-
plorable ne veulent plus voir en ce Serviteur de Dieu les dons de
grace qui les avoient édifiez pendant tant de temps, reviendront à
eux-mesmes & chercheront, dans l'humiliation de la penitence, le
remede à des playes aussi dangereuses, que sont celles qu'ils se font

par les calomnies qu'ils répandent contre vn des plus saints Ministres de IESVS-CHRIST, & les efforts qu'ils employent pour ruiner tout le bien qu'il a étably auec tant de peine. Il est difficile de s'imaginer un plus grand crime, ny de plus grand mal-heur que de perseverer dans vn si mauvais estat. Et cependant c'est à quoy tendent toutes leurs pourfuites. Ils ne travaillent auec tant de fatigues & tant de dépenses qu'à se procurer l'impunité dans leur revolte criminelle, & à triompher de l'Eglise apres avoir foulé aux pieds ses plus saintes Loix. Que leur pourroit-il arriver de plus funeste qu'vne si miserable victoire? Et que peut-on faire au contraire qui leur soit plus avantageux pour leur salut que d'adjuger au Promoteur les Conclusions qu'il a prises, qui se reduisent à les renvoyer ou à leur Evesque ou au Pape, afin que s'estant humiliez autant qu'ils doivent, ils obtiennent par le legitime usage des clefs de l'Eglise, ce qu'ils ont recherché inutilement jusques icy de ceux qui n'avoient nulle autorité de les délier. *Signé*,

VINCENT RAGOT Prestre, Promoteur d'Alet.

Dans la 9. page de la premiere partie de cét Avertissement, parlant de la demeure de M. le Doyen dans l'Evesché, on a mis cinq ans pour trois, c'est ce qu'on corrige icy, quoy que peu important, pour garder par tout la sincerité.

ADDITION

A l'avertiſſement qu'a produit au Conſeil du Roy

Meſſire Vincent Ragot Preſtre Docteur en Droit canonique, Promoteur de l'Egliſe & Dioceſe d'Alet, deffendeur & demandeur.

Contre Meſſire Iacques Ioſeph de Maynard de l'Eſtang Preſtre,
Doyen & Chanoine de l'Egliſe Cathedrale dudit Alet, &
François Rives, auſſi Preſtre & Chanoine de la meſme
Egliſe, demandeurs & deffendeurs.

Contenant les principales fauſſetez répanduës dans leurs Ecritures.

SI c'eſtoit icy une affaire commune & ordinaire, on pourroit
ſe diſpenſer de repreſenter les fauſſetez dont les ſieurs de l'E-
ſtang & Rives ont remply leurs Ecritures; parce qu'il eſt aiſé
d'en découvrir la plus grande partie par l'avertiſſement du Promoteur. Mais comme il s'agit principalement de faire connoiſtre à l'E-
gliſe de quel eſprit ſont pouſſez ces deux Preſtres qui ont excité un
ſi grand trouble, il eſt important de montrer par cét amas prodi-
gieux de fauſſetez qu'ils avancent par tout, & dont ils font le principal appuy de leur mauvaiſe cauſe, que c'eſt l'eſprit de menſonge
qui les poſſede & qui les porte à de ſi étranges excés contre un Prelat, qui par le conſentement de tout le monde eſt aujourd'huy l'un
des plus grands ornemens de l'Egliſe Gallicane.

PREMIERE FAVSSETE'.

On a déja veu par l'avertiſſement du Promoteur que le ſieur de
l'Eſtang qui n'avoit rien trouvé à redire aux Ordonnances de M.
d'Alet pendant le cours de ſa viſite, s'eſtant aviſé deux mois apres
de s'y oppoſer pour ſe venger de l'affront qu'il croyoit avoir receu
par l'empriſonnement de ſon valet, il fabriqua une fauſſe deliberation du Chapitre du 30. Avril, par laquelle il ſuppoſa que le Chapitre luy avoit donné pouvoir de *conſentir & accorder, diſſentir, oppo-*
ſer & appeller deſdites Ordonnances de viſite.
Cette piece eſt ſi viſiblement fauſſe, que le ſieur de l'Eſtang

l'ayant produite au Conseil ; & le Promoteur luy ayant declaré qu'il alloit s'inscrire en faux contre cette pretenduë deliberation, tout ce qu'a pû faire le sieur Doyen pour s'empescher d'estre condamné comme un faussaire, a esté de declarer qu'il ne s'en vouloit point servir. Et cependant par une illusion insupportable qu'il a voulu faire au Conseil, non seulement il s'en sert dans toutes ses Ecritures, commençant par là dans son Avertissement le narré de tout ce qui s'est passé, & fondant sur cette piece le sujet de la contestation; mais c'est la premiere de son inventaire, & la premiere de celles dont il a donné copie : & lors qu'il est accablé au dedans par le poids de sa conscience qui luy reproche son crime, il se releve au dehors par une feinte confiance, & il ose dire que le Promoteur sçait bien qu'il succomberoit dans cette inscription de faux, & qu'il ne l'a faite que pour fuir .

Mais il ne faut que considerer les réponses qu'il a faites aux faits & articles sur lesquels le Promoteur l'a fait interroger pardeuant Monsieur Voisin Maistre des Requestes Rapporteur de l'affaire, pour estre pleinement convaincu de la mauvaise foy dudit sieur de l'Estang dans la fabrication de cette piece.

1. On luy a demandé *s'il n'est pas vray que le Chapitre pour correspondre à la bonne volonté de M. d'Alet auroit* VERBALEMENT *prié le Doyen & François Rives Chanoine d'assister pour le Chapitre aux conferences sur les matieres concernant la visite pour en faire rapport au Chapitre.* A quoy il a répondu apres avoir fait serment de dire verité, *Que le Chapitre assemblé capitulairement avoit deliberé apres avoir recueilly les voix d'un chacun, & observé les formalitez d'une Assemblée Capitulaire, sçavoir le son de la cloche & les avertissemens qui se donnent à un chacun en particulier, assignant l'heure & le lieu où ladite assemblée se doit faire, & qu'ainsi le Chapitre assemblé,* OBSERVANT DE POINT EN POINT TOUTES LES FORMALITEZ *sur les propositions qu'avoit donné & fait ledit sieur Evesque d'Alet dans sa premiere entrée & harangue, auroient deliberé que luy répondant & ledit sieur Rives Scyndic dudit Chapitre seroient deputez de la part de tout le corps pour representer audit sieur Evesque d'Alet dans les conferences qui se devoient tenir pendant le cours de sa visite les griefs, pretentions & desseins, en cas que ledit sieur Evesque voulust prejudicier en quelque chose à l'usage de l'Eglise & aux privileges & statuts dudit Chapitre, & delibererent aussi qu'ils auroient le pouvoir de consentir, dissentir, s'opposer & appeller de tout ce qui pourroit prejudicier à l'usage, privileges & statuts dudit Chapitre, & en prendre conseil ainsi que bon leur sembleroit pour faire tout ce qu'ils jugeroient en Iustice, & se pourvoir ainsi & devant qui il appartiendroit.* Il ne faut qu'examiner les circonstances dont le sieur Doyen veut que cette deliberation ait esté accompagnée pour la convaincre de faux. Car si

on y a obfervé *toutes les formalitez d'une affemblée capitulaire, fçavoir le fon de la cloche & les avertiffemens qui fe donnent à chacun en parti-culier en affignant l'heure & le lieu*; le Secretaire n'auroit donc pas manqué de s'y trouver; & fi *on a obfervé de point en point dans cette affemblée toutes les formalitez,* il n'aura pas manqué d'écrire fur le champ le refultat de la deliberation capitulaire. Or il eft faux que le Secretaire ait efté prefent & qu'il ait rien écrit comme il paroift par la dépofition dudit Secretaire qui eft produite au procés, dans laquelle il reconnoift qu'il n'y eftoit pas, & que cette déliberation luy a efté remife quelque temps apres par le fieur Doyen : Et ainfi tout ce que ledit fieur Doyen a dit dans fa réponfe pour donner plus de poids à fa déliberation en fait voir plus manifeftement la fauffeté.

2. On luy a demandé : *S'il n'eft pas vray qu'en coufequence de cette deputation* VERBALE, *ils ont affifté aux conferences.* Et il a répondu, *qu'ils y ont affifté en confequence de la déliberation prife capitulairement,* ET NON PAS VERBALE SEULEMENT, *comme l'on avance contre toute verité.* Il veut donc que la députation en vertu de la-quelle il a affifté aux conferences n'ait pas efté *feulement verbale.* Et cependant il n'y a rien de plus certain qu'elle n'a pû eftre que verba-le, puis que Salva Secretaire du Chapitre qui eft tout à luy, & qu'il a entrepris de faire rétablir dans cette charge dont le Chapitre l'a deftitué, a reconnu, comme il a déja efté dit, qu'il n'eftoit point à cette Affemblée, & que la déliberation dont il s'agit luy a efté re-mife long-temps apres par ledit fieur Doyen ; ce qu'a avoüé auffi le fieur Rives dans un acte produit par le fieur Doyen contenant ce qui s'eft paffé dans l'Affemblée du 1. Aouft, dans lequel il dit que *la deliberation du 30. Avril avoit efté remife quelque temps apres par ledit fieur Doyen devers le Secretaire qui eftoit alors abfent.* Et par con-fequent il eft conftant que la deputation des fieurs Doyen & Rives ne fut faite que verbalement le 30. Avril, & que le fieur Doyen s'eft parjuré quand il a affeuré le contraire avec une fi incroyable har-dieffe.

3. On luy a demandé : *S'il n'eft pas vray qu'ayant pris la refolu-tion de fuppofer la deliberation du 30. Avril deux mois ou environ apres fa datte, comme il fe trouvoit plufieurs deliberations dans le regiftre mi-fes de fuite, il la fit d'écrire à la marge & entre ligne dudit regiftre, com-me elle fe trouve encore, par le Secretaire du Chapitre qui eftoit pour lors tout à fa devotion.* Il a répondu : *Que cét article eft impertinent, & qu'il dénie que ladite deliberation ait efté mife en marge dudit regiftre, comme l'on fuppofe, eftant dans l'ordre & datte dans la fuitte des delibe-rations tranfcriptes dans le regiftre dudit Chapitre* C'eft ce fauver par une équivoque ridicule pour faire douter d'une circonftance qui eft une marque évidente de fauffeté. Il ne s'agit pas des deliberations *tranfcriptes,* mais des deliberations écrites la premiere fois. Il s'agit

du Regiſtre original des deliberatiõs capitulaires, & non d'un ſecond
regiſtre où on les peut trãſcrire. Il s'agit de ſçavoir ſi le Doyen ne s'e-
ſtant aviſé que fort tard de fabriquer cette deliberation, il fut contraint parce qu'il y en avoit d'autres écrites depuis le 30. Avril, de
faire mettre celle-là par le Secretaire qui eſtoit tout à luy à la marge
& entre lignes. Or c'eſt ce qu'il ne peut nier puis que ce Secretaire a
eſté obligé de l'avoüer dans ſa dépoſition dont il a déja eſté parlé,
& que de plus l'acte meſme de cette deliberation pretenduë que le
ſieur Doyen a produit luy-meſme porte ces termes: *Ayant ledit ſieur
Doyen.* Signé, AU MARGE DV BROÜILLARD *deſdites deliberations
capitulaires qui eſt en mon pouvoir comme Secretaire dudit Chapitre. En
foy de ce Collationné ſur ledit Broüillard par moy Secretaire dudit Chapitre,* ſigné *Salva.* Et dans une autre extrait de la meſme déliberation expediée autentiquement par le meſme Salva, dans la peur
qu'il a euë qu'on ne luy imputaſt cette piece fabriquée par le Doyen
comme il luy a plû, il ajoûte cecy. *Collationné ſur la déliberation
couchée au marge du broüillard tenu par moy Secretaire du Chapitre
d'Alet ſous-ſigné, laquelle je y ay couchée ſur l'atteſtation de la verité
en la teneur d'icelle,* FAITE PAR MONSIEVR DE L'ESTANG
*Chanoine & Doyen audit Chapitre, moy Secretaire alors abſent, m'ayant
ledit ſieur Doyen dans ledit broüillard donné ſon ſeing & atteſtation de
ladite teneur de déliberation, en foy de ſigné* SALVA *Secretaire.* Peut-
on avoir une preuve plus convainquante, non ſeulement que cette
pretenduë déliberation, n'ayant eſté ſuppoſée que long-temps apres
ſa datte, on a eſté contraint de l'écrire à la marge du Regiſtre primi-
tif (ce que le ſieur Doyen a oſé nier avec ſerment) mais auſſi qu'il en
eſt le ſeul Auteur & inventeur, l'ayant digerée & ajuſtée à ſa phan-
taiſie, puis que le Secretaire témoigne qu'il n'en a écrit que ce qu'il
luy en a dit.

4. La maniere dont il conte dans ſes réponces; ce qu'il pretend
s'eſtre paſſé dans cette viſite, pour rendre cette déliberation vray
ſemblable, eſt ce qui en découvre davantage l'impoſture. Car il n'y
a rien non ſeulement de plus faux, mais de plus hors d'apparence.
Il ſuppoſe que M. d'Alet *ayant pris reſolution de faire ſa viſite en
avoit conferé avec luy, & qu'il luy avoit promis pluſieurs fois de ne faire
ny ordõner rien de contraire à l'uſage de l'Egliſe, & aux privileges & ſtatuts du Chapitre.* Et il pretend par une vanité ridicule, & pour faire
croire qu'il eſt maiſtre du Chapitre & qu'il ne ſe gouverne que par
ſes mouvemens; QU'A CETTE CONDITION *luy répondant auroit diſ-
poſé le Chapitre à recevoir ſa viſite n'eſtant point en eſtat ny diſpoſez
qu'il ordonnaſt la moindre choſe crainte qu'il ne vouluſt aller contre les
privileges & ſtatuts dudit Chapitre, & reformer beaucoup de choſes qui
eſtoient contraires à l'uſage de l'Egliſe.* On ne s'arreſte point à cette
broüillerie de paroles qui luy fait dire tout le contraire de ſa pen-

fée. Mais qui peut fupporter l'injure qu'il fait au Chapitre d'Alet
en luy attribuant une difpofition fi peu raifonnable & tout à fait
fchifmatique. Car n'eftant point exempt mais foûmis de plain droit
à la vifite de l'Evefque, c'eft une extravagante penfée de dire qu'il
n'eftoit pas difpofé à recevoir la vifite de M. d'Alet, ny à fouffrir
qu'il ordonnaft la moindre chofe, crainte qu'il ne vouluft aller contre les privileges & les ftatuts dudit Chapitre. Quoy cette crainte
imaginaire que M. d'Alet ne bleffaft des privileges fantaftiques,
& qui ne furent jamais, donnoit droit au Chapitre d'empefcher que
M. d'Alet ne le vifitaft & ne fift les ordonnances qu'il jugeroit à
propos felon le pouvoir qu'il en a par toutes fortes de loix & divi-
nes & humaines? Si cela eft il n'y aura point d'Eglife Collegiale, il
n'y aura point de Curé qui ne puiffe refufer la vifite de fon Evefque, & rejetter par avance ce qu'il voudroit ordonner, *dans la crainte qu'il n'ordonne quelque chofe de contraire aux loix de l'Eglife*; car il
n'y a perfonne qui ne puiffe dire qu'il a cette apprehenfion, auffi
bien que le Chapitre d'Alet. Mais fi au contraire, tout le monde
avouë que ce feroit une infolence puniffable à des inferieurs de ne
vouloir pas qu'un Superieur leur ordonne rien qu'aprés leur avoir
promis qu'il ne bleffera point leurs droits, puis qu'ils ne doivent
pas fuppofer qu'il le veüille faire & qu'ils doivent attendre à voir
les ordonnances qu'on leur fait, pour s'en plaindre avec modeftie
s'il y avoit quelque chofe qui leur fuft prejudiciable, il n'y a perfonne qui ne juge que le Sieur de l'Eftang fait un infigne outrage à fa
compagnie, lors qu'il feint par un menfonge hors d'apparence, que
fans luy elle euft empefché la vifite de fon Evefque, & n'euft pas
fouffert qu'il ordonnaft la moindre chofe. Et cependant c'eft ce
qu'il repette encore d'une maniere plus étrange en la réponfe au
3. article, où il fuppofe tres-fauffement, *qu'ayant fait rapport au Chapitre de tout ce qui s'eftoit paffé dans quelques conferences ledit Chapitre auroit répondu, leurs voix receüillies & affemblez capitulairement,
que luy répondant & ledit Sieur Rives ne devoient plus afsifter aux
conferences, & qu'il falloit interjetter appel comme d'abus :* ce qui eft
impertinent, puis qu'on ne pouvoit pas appeller d'une chofe qui
n'eftoit pas encore, ces pourparlez n'eftant pas des ordonnances.
Et pour fe faire valoir comme ayant ramené le Chapitre qui vouloit
éclatter, il ajoûte, *que ledit Chapitre eftoit irrité avec raifon, & re-
folu de ne plus recevoir ledit Sieur Evefque d'Alet dans fa vifite, mais
qu'ils tàcherent de faire connoître audit Chapitre qu'il falloit attendre
& ne precipiter rien.* Quelle hardieffe d'attribuer à tout un corps des
penfées qui n'auroient pû tomber dans l'efprit d'aucun particulier
à moins qu'il fuft infenfé. Car n'eftant point exempts, mais entierement foûmis à la jurifdiction de l'Evefque comme le moindre Curé,
ils pouvoient bien appeller de fes ordonnances lors qu'elles euffent

esté dreffées si elles euffent esté trouvées injustes, mais c'est une pretention schismatique de dire qu'ils euffent pû l'empescher de continuer sa visite n'ayant mesme encore rien ordonné.

5. On luy a demandé *s'il n'est pas vray que les Sieurs de Maufaucon & Pech Chanoines ayant trouvé à redire à quelques articles, il les avoit soûtenus vigoureusement.* Il a déguisé autant qu'il a pû cette verité, & neanmoins il a esté contraint d'avoüer *qu'il avoit prié les Sieurs de Maufaucon & Pech de ne s'allarmer point.* Il ne peut donc contester le témoignage du Sieur de Maufaucon (le Sieur Pech estant mort) puis qu'il reconnoist qu'il n'estoit pas prevenu pour les ordonnances, quelques-unes mesmes l'ayant blessé pour ne les avoir pas affez bien considerées. Or c'est le Sieur de Maufaucon qui a soûtenu tres-fortement, lors mesme qu'il estoit d'avis qu'on les consultast, que cette déliberation du 30. Avril est fauffe, comme ont fait auffi tous les autres qui y sont nommez hors les deux que le Sieur Doyen avoit entraisnez dans son party. Et luy mesme fut contraint alors de l'abandonner n'ayant osé la soûtenir, parce que la fauffeté estant plus nouvelle, il en avoit plus de honte, de sorte qu'il dit en plein Chapitre *qu'il s'en départoit, & qu'il ne vouloit pas s'en aider.* Mais il n'avoit garde de tenir parole, parce que cet acte estant le fondement de tout ce qu'il a fait, il ne pouvoit s'en départir sans ruiner entierement sa mauvaise cause.

6. On ne peut considerer cette piece en elle mesme, qu'on n'y voye sur le front des caracteres de fauffeté, tant elle est peu vray semblable. Car il auroit fallu que le Chapitre d'Alet eust perdu le sens pour avoir agy de la sorte. M. d'Alet ouvre sa visite par des paroles de paix & de charité On ne sçait encore s'il ordonnera quelque chose, ny ce que c'est qu'il ordonnera, & le Chapitre, si nous en croyons M. le Doyen, par une precipitation sans raison & sans fondement, sans attendre que l'on pust voir & considerer ses ordonnances au cas qu'il en fist, donne pouvoir à deux de son corps, sans les obliger à en plus parler aux autres, *de consentir, dif-fentir, opposer & appeller de la teneur desdites ordonnances, ainsi qu'ils vetront & jugeront estre à faire, & sera jugé par l'avis & conseil qu'ils prendront à Toulouze* Il n'y eust jamais d'exemple d'une pareille folie. Si le Chapitre eut envoyé les Sieurs de l'Estang & Rives à 50. ou 60. lieuës pour conferer sur des Ordonnances qui luy euffent esté prejudiciables, cette facilité à leur donner un tel pouvoir auroit pû trouver quelque excuse. Mais entre personnes d'égale autorité, qui peuvent tous les jours conferer ensemble & dire leur avis sur des ordonnances qu'on leur doit proposer, & qui ne pourroient sans crime s'opposer à celles qui seroient justes, que sans attendre à les voir, tous ceux qui sont également obligez de n'en juger qu'avec connoissance de cause, donnent pouvoir absolu à deux

d’entr’eux *de s’y oppofer & d’en appeller ainfi qu’ils jugeront bon eftre*, ou que le plus chetif des Avocats de Toulouze le leur aura con-feillé, fans plus en parler au Chapitre ny luy communiquer fes pre-tenduës confultations , ç’auroit efté non feulement une extrava-gance inoüie, mais une prevarication criminelle contre tout droit divin & humain , puifque ceux qui auroient étably par un pur ca-price ces deux Plenipotentiaires fe feroient mis au hazard fans au-cune neceffité de voir décrier en leur nom fur l’avis d’un Avocat ignorant, des ordonnances dont ils n’avoient pû juger lors qu’ils donnoient ce pouvoir ne les ayant point veuës, & qui leur auroient pû paroître, aprés les avoir veuës, tres-juftes & tres-canoniques.

II. FAVSSETE’.

Il eft bien honteux à M. le Doyen que la confideration de fon valet l’ait precipité en tant d’excez. C’eft auffi ce qu’il diffimule autant qu’il peut ; mais il le fait dans fon Avertiffement p. 14. d’une maniere fi groffiere, qu’il ne faut que marquer les dattes pour le convaincre de fauffeté. Car aprés avoir raconté en la p. 12. de quelle maniere il appella à Toulouze des ordonnances de vifite, ce qui fut le 15. Iuillet, il ajoûte auffi-toft aprés, que *par reffentiment de cela,* ce font ces propres termes, *M. l’Evefque d’Alet le fit mal-traiter par fon Viguier, lors qu’il vouloit aller voir fon valet qu’on avoit mis en prifon :* ce qui arriva à la fin du mois de Iuin. Et ainfi c’eft une fauffeté manifefte d’accufer M. d’Alet de l’avoir fait mal-traiter par fon Viguier à la fin de mois de Iuin, par reffentiment de ce qu’il avoit appellé des ordonnances, ce qui ne fut fait que par un acte dreffé le 15. Iuillet, & fignifié le 24.

III. FAVSSETE’.

Racontant en la p. 15. du mefme Avertiffement, ce qui s’eftoit paffé dans une affemblée du Chapitre du premier Aouft, il dit *que les Chanoines attachez à leurs interefts* (c’eft ce qu’on peut dire de plus vray, eftant de ceux dont faint Paul dit : *Quæ fua funt quærunt non quæ* IESUS CHRISTI) *& aux droits de leur corps foûtinrent que la deliberation du 30. Avril devoit eftre executée, & y conclurent.* Il ne fe trouva que fix Chanoines dans cette affemblée. Deux favorife-rent l’entreprife de M. le Doyen, dont l’un depuis l’a abandonné ; & les trois autres foûtinrent conftamment que la déliberation du 30. Avril eftoit fauffe, & qu’on ne luy avoit point donné pouvoir d’appeller des ordonnances au nom du Chapitre. Or il eft conftant que le Doyen n’a qu’une voix dans le Chapitre d’Alet, parce que c’eft l’Evefque & non luy qui en eft le Chef ; & ayant voulu pren-dre cette qualité de *Chef du Chapitre,* dans l’acte d’appel de ces ordonnances, non feulement les autres Chanoines, mais mefme le Sieur Fabre qui eftoit alors de fon party s’y oppofa & declara, *que* *pour son regard il n'avoit jamais entendu luy donner aucun pouvoir de prendre cette qualité ; qu'au contraire il le desavoüoit touchant cette qualité de Chef, comme n'estant que primus inter pares.* Et par conséquent y ayant partage de trois contre trois, c'est une fausseté manifeste qu'il y ait pû avoir de conclusion dans cette assemblée. Et ainsi cette pretenduë conclusion du premier Aoust n'est pas moins fausse que celle du 30. Avril.

IV. FAVSSETE'.

Pour couvrir le transport de jurisdiction qui luy a fait encourir les Censures de l'Eglise, il veut faire croire qu'il n'a eü recours au Parlement de Toulouze, que parce qu'on l'opprimoit; au lieu qu'on a fait voir manifestement qu'il n'y a eü recours que pour opprimer ses confreres, & leur faire ravir par des Iuges Seculiers sur des pretextes frivoles, un droit purement Ecclesiastique d'opiner sur les ordonnances de leur Evesque. Il fait encore ce tort à l'Eglise dans son Avertissement p. 23. de soûtenir *que le Parlement seul pouvoit connoistre de ces matieres.* Mais en d'autres endroits il déguise tellement les choses, qu'à l'entendre parler, on diroit qu'il n'a esté declaré excommunié que pour avoir eü recours au Roy & à l'un de ses Parlemens dans une extremité d'oppression. *Enfin,* dit-il en la p. 133. *l'excommunication fulminée contre lesdits Sieurs de l'Estang & Rives est injurieuse à Sa Majesté, qui a la garde & la protection de l'Eglise. Les Rois sont obligez par le serment qu'ils font à leur Sacre de la défendre de toute leur puissance, & de la proteger en toutes rencontres.... Et c'est de là dont l'on tire cette maxime que le recours est de droit public, & que c'est une table de refuge* OÙ TOUS LES OPPRIMEZ *peuvent se retirer à l'abry pour y trouver des remedes provisionnaires.* Ce qu'ayant prouvé par quelques autoritez communes, il recommence ainsi: *Les Rois sont les Protecteurs des Evesques lors qu'ils s'acquitent de leurs devoirs, & ils ont une sainte attache de les favoriser en toutes choses, & de punir avec severité ceux qui osent attaquer leur mithre & leur caractere. Mais quand ils viennent eux mesmes à abbattre l'autel où ils doivent sacrifier & à* ROMPRE LES CHAISNES DE L'UNION *de l'Eglise en contrevenant aux Conciles, aux saints Canons & aux Ordonnances de son Protecteur & de son Fils aisné, pourquoy ne sera-t'il pas permis* AUX PARTIES OPPRIME'ES *de recourir à ce mesme Protecteur de l'Eglise & aux Cours Souveraines, qui sont les justes Dispensateurs de son autorité. Ils le peuvent sans doute, ils sont en droit de le faire, & il n'y a pas moins en cela de l'interest de Sa Majesté de s'y opposer, qu'il y a de l'interest de l'Eglise d'arrester cette licence dont la suitte seroit peut-estre funeste à la Religion. C'est le sentiment de saint Chrysostome Hom. 25. sur la premiere aux Corint. Il est donc vray de dire que les Sieurs de l'Estang & Rives avoient pû*

se retirer

ſe retirer au Parlement de Toulouze, & qu'ainſi l'excommunication pro-
noncée contre eux eſtoit abſolument invalide.

Afin que cette concluſion (que l'excommunication des Sieurs de l'Eſtang & Rives eſt abſolument invalide & injurieuſe à Sa Majeſté) puiſſe eſtre tirée des principes qu'ils ont eſtably auparavant, & dont eux meſmes l'ont tirée, il faut qu'ils ne ſe ſoient adreſſez au Parlement de Toulouze que pour ſe tirer d'une viſible oppreſſion : il faut qu'ils ayent eü droit de le faire par cette raiſon, que *ce recours eſt une table de refuge où tous les opprimez peuvent ſe mettre à l'abry* : Il faut que M. d'Alet qui auroit merité *que le Roy le favoriſaſt en toutes choſes s'il s'eſtoit acquitté de ſon devoir,* s'en ſoit tant oublié, *que d'abattre l'autel ſur lequel il devoit ſacrifier, & de rompre les chaiſnes de l'union de l'Egliſe en contrevenant aux Conciles & aux Canons* : Il faut que la conduite de ce Prelat ait eſté ſi violente, *qu'il ne fuſt pas moins de l'intereſt de Sa Majeſté que de celuy de l'Egliſe d'arreſter une licence dont la ſuitte auroit pû eſtre funeſte à la Religion.* Si tout cela eſtoit ce ne ſeroit pas mal conclure. Donc les Sieurs de l'Eſtang & Rives ſe ſont pû retirer au Parlement de Toulouze (quoy qu'en ce cas là meſme ils l'auroient deu faire par appel comme d'abus.) Donc l'ayant fait on n'a pas dû les declarer excommuniez. Mais ſi toutes ces ſuppoſitions, qui devroient eſtre conſtantes pour appuyer une telle concluſion, ſont de pures calomnies. Si jamais Eveſque n'a plus merité d'eſtre favoriſé du Roy qu'un auſſi bon Eveſque que M. d'Alet. Si ce Prelat n'a travaillé qu'à rétablir les autels & non pas à les abbattre, qu'à inſpirer la pieté, & fonder la charité dans les cœurs qui eſt le vray lien de l'union de l'Egliſe, qu'à faire obſerver les Conciles & les ſaints Canons : Si ceux qui ſe plaignent avec tant de fauſſeté qu'on les opprimoit, ne ſe ſont adreſſez aux Iuges Laïques que pour opprimer leurs confreres, & pour reduire tout le Chapitre à la caballe de trois perſonnes, tous les autres en eſtant chaſſez pour des raiſons ridicules & impertinentes, comme on l'a fait voir dans la ſeconde queſtion de la ſeconde partie de l'Avertiſſement du Promoteur ; n'eſt-ce pas perdre tout reſpect pour Sa Majeſté, que de pretendre que la qualité qu'il a de Protecteur de l'Egliſe, l'oblige de favoriſer deux Preſtres, qui par un attentat auſſi contraire aux Ordonnances qu'aux ſaints Canons, ont renverſé toutes les loix de l'Egliſe en tranſportant à des Magiſtrats ſeculiers une cauſe purement Eccleſiaſtique pour ſe maintenir dans la domination tyrannique qu'ils vouloient exercer ſur leurs confreres. N'eſt-il pas juſte au contraire de raiſonner d'une maniere toute oppoſée, & de dire : Le Roy eſt le Protecteur des Canons, & il a fait ſerment à ſon Sacre de proteger l'Egliſe de toute ſa puiſſance. Il eſt donc obligé de luy conſerver le peu qui luy reſte de juriſdiction, & de ne pas ſouffrir qu'on abuſe de ſa puiſſance Royale pour rendre illuſoires les Cenſures qu'elle prononce ſelon le pouvoir que luy en a laiſſé Iᴇsᴜs-Cʜʀɪsᴛ contre les violateurs des Canons.

V. FAVSSETE'.

La Sentence de l'Official d'Alet, par laquelle il a declaré que les Sieurs de l'Eſtang & Rives avoient encouru l'excommunication portée par les Canons contre ceux qui tranſportent la Iuriſdiction Eccleſiaſtique, a eſté renduë avec tant de juſtice, qu'ils ont eſté contraints à leur ordinaire d'avoir recours à des fauſſetez groſſieres pour y trouver des nullitez. Vne des plus capitales eſt qu'ils aſſeurent en pluſieurs endroits de leur Avertiſſement, qu'ayant propoſé des reculations contre l'Official d'Alet, il les avoit trouvées ſi admiſſibles qu'il s'étoit déclaré incompetant, & que neanmoins peu de jours aprés démentant ſes propres lumieres il n'avoit pas laiſſé de les juger.

En la p. 27. parlant des recuſations propoſées contre l'Official : *Elles furent*, diſent-ils, *trouvées ſi admiſſibles que les parties furent renvoyées devant un autre Eccleſiaſtique. Aprés quoy il eſt vray de dire qu'il s'eſtoit luy meſme rendu juſtice, & qu'il s'eſtoit dépoüillé de la connoiſſance d'une affaire dans laquelle il avoit bien veu qu'il eſtoit incompetent.* Et en la p. 29. *Et neanmoins* ᴄᴇ ᴍᴇsᴍᴇ ɪᴜɢᴇ *qui s'eſtoit déclaré incompetant peu de jours auparavant, ordonne &c.* Et en la p. 31. ils ſe plaignent, *qu'au prejudice de cette incompetence de l'Official d'Alet reconnuë par luy meſme, il les a declarez excommuniez.* Et en la p. 123. ayant entrepris de prouver que leur excommunication eſt nulle, leur principale raiſon eſt que la Sentence qui les a declarez excommuniez, a eſté renduë par un Iuge ſuſpect & recuſable. *L'Official*, diſent-ils, *l'avoit reconnu, & ſi depuis il a démenty ſes propres lumieres, & qu'il n'ait pas voulu continuer à ſe déclarer incompetant, il devoit au moins ſuivre les formes en nommant quelqu'un pour en juger.* Et dans l'inventaire des pieces qui eſt à la fin de l'Avertiſſement p. 269. ils produiſent en ces termes l'acte par lequel ils pretendent prouver ce fait, que l'Official reconnoiſſant luy meſme ſon incompetence a renvoyé les parties pardevant un autre Eccleſiaſtique. *Ordonnance du 27. Octobre par laquelle l'Official d'Alet ſe rendant juſtice à luy meſme & reconnoiſſant la validité deſdites recuſations renvoye leſdites parties pardevant un autre que pardevant luy, de la Iuriſdiction du Dioceſe,* ce qu'ils repetent encore en la p. 174.

On ne peut aſſeurer un fait avec plus de confiance, & il faut avoüer que ce fait eſt tres-important, puis que ce ſeroit en effet une conduite bien irreguliere, & une grande marque d'injuſtice, ſi l'Official d'Alet les avoit jugez apres s'eſtre luy-meſme reconnu incompetant, & avoir renvoyé les parties devant un autre. Comme auſſi on ne peut nier que ſi cette ſuppoſition eſt fauſſe, ce ne ſoit une imposture tres-criminelle. Or il ne faut que lire l'acte mesme qu'ils produisent pour en estre convaincu. Le voicy.

IOSEPH DE BONNADONA Prestre Docteur en sainte Theologie, « Official de l'Evesché d'Alet, à un Prestre Clerc tonsuré ou Ser- « gent requis, Salut. Comme ce jourd'huy en bas écrit (*sçavoir le 27.* « *Octobre 1663.*) en Audiance PARDEVANT MR M^E SIMON PELLIS- « SIER Prestre, Docteur en sainte Theologie Assesseur, plaidé la re- « queste de Maistre Vincent Ragot Prestre, Promoteur audit Eves- « ché d'vne part, & M^s Iacques Ioseph de Maynard de l'Estang Prestre « Chanoine & Doyen, & François Rives Prestre, aussi Chanoine en « l'Eglise Cathedrale dudit Alet, assignez d'autre: Oüis Digeon pour « ledit Promoteur; Salva pour lesdits de l'Estang & Rives, qui ont « dit & requis comme au registre: appointé. LES PARTIES SONT « RENVOYÉES PARDEVANT AVTRE QVE PARDEVANT NOVS EN LA « IVRISDICTION ECCLESIASTIQVE DV PRESENT DIOCESE pour « leur estre fait droit, elles oüyes ainsi qu'il appartiendra. «

Voilà ce qu'ils ont produit pour prouver que le sieur Bonnadona Official d'Alet les a jugez apres s'estre reconnu incompetant & avoir renvoyé les parties pardevant un autre que pardevant luy. Et cependant il est clair qu'ils n'ont pû se servir de cette piece pour ce dessein que par une insigne supercherie à cause que le nom de *Ioseph de Bonnadona Official d'Alet*, est à la teste, tous les actes de l'Offi- cialité portant le nom de l'Official, lors mesme qu'ils sont rendus par autre que par luy & en son absence; comme toutes les Sentences du Chastelet de Paris portent le nom du Prevost de Paris, encore que la pluspart soient renduës en son absence par le Lieutenant Civil ou par d'autres Iuges. Mais il est visible d'ailleurs par le corps de la piece que celuy qui y parle n'est point le sieur Bonnadona Official, mais le sieur Pellissier Lieutenant ou Assesseur de l'Officialité qui avoit tenu l'Audience, & qu'ainsi ces paroles (*les parties sont ren- voyées pardevant autre que pardevant nous*) ne se peuvent entendre de l'Official, mais du sieur Pellissier son Assesseur. De sorte qu'elles ne marquent que ce qui a esté dit dans l'Avertissement du Promo- teur, p. 24. *Que les sieurs de l'Estang & Rives ayant esté assignez devant la Cour Ecclesiastique d'Alet, ils firent ce qu'ils pûrent par di- verses chicanes pour empescher qu'on ne rendist Iugement sur cette affai- re.* A quoy on ajoûte: *Ils proposerent des recusations personnelles con- tre le sieur Pellissier Lieutenant en l'Officialité qui avoit commencé d'en connoistre, sçavoir qu'il plaidoit contre le Chapitre. Mais quoy qu'el- les ne fussent pas proposées en forme, & qu'il ne s'agist pas du Chapitre, mais de deux particuliers, neantmoins il les admit, & s'abstint; & ce fut l'Official luy-mesme qui s'en chargea.*

Où est donc ce qu'on represente comme le comble de l'injustice, *que le mesme Iuge qui s'estoit luy-mesme reconnu incompetant a jugé ex-*

suite en dementant ses propres lumieres. Le sieur Bonnadona & le sieur Pellissier ne sont-ils qu'une seule & mesme personne : & le procés qu'avoit le sieur Pellissier avec le Chapitre d'Alet en qualité d'Archi-Prestre, qui fut la seule cause pour laquelle il se recusa, avoit-il rien de commun avec le sieur Bonnadona qui n'avoit aucun procés avec ce Chapitre ? Et enfin peut-on pretendre sans une fausseté manifeste que le sieur Pellissier en se recusant avoit aussi recusé toute la Cour Ecclesiastique d'Alet, & par consequent l'Official, puis que l'acte mesme que produisent les parties, & qui est leur unique fondement, porte expressément le contraire, sçavoir, *que les parties seroient renvoyées pardevant autre, que pardevant luy* (Sieur Pellissier) *en la Iurisdiction Ecclesiastique dudit Diocese.* Et ainsi cette affaire n'estant pas renvoyée deuant tout autre que le sieur Pellissier, mais *pardevant un autre en la Iurisdiction Ecclesiastique du Diocese d'Alet,* c'est une imposture visible de dire que le sieur Bonnadona Official, que la recusation personnelle proposée contre le sieur Pellissier ne regardoit point, se soit jamais reconnu incompetant, comme les sieurs de l'Estang & Rives l'osent dire tant de fois dans leurs Ecritures par une hardiesse qui ne se peut concevoir.

VI. FAVSSETE'.

Vne autre fausseté que les sieurs de l'Estang & Rives employent pour montrer la nullité de la Sentence qui les a declarez excommuniez, est qu'elle a esté renduë au préjudice de l'appel au Metropolitain. Car c'est un artifice honteux de dissimuler comme ils font qu'on leur fit voir lors qu'ils presenterent ces lettres d'appel qu'elles estoient nulles & de nul effet, parce qu'elles n'estoient signées que du sieur de Villars, qui n'avoit aucune autorité au regard du Diocese d'Alet, à cause qu'ayant un procés avec le Promoteur d'Alet, & ainsi ne devant pas estre son Iuge, M. l'Archevesque de Narbonne avoit revoqué sa commission à l'égard des affaires où ce Promoteur auroit interest. C'est ce que les sieurs de l'Estang & Rives reconnoissent eux-mesmes en plusieurs endroits de leur Avertissement ; & ainsi ils agissent de mauvaise foy quand ils se plaignent si souvent qu'on les a excommuniez au préjudice de cét appel qui estoit absolument nul, parce que par le II. article du Reglement des Cours Ecclesiastiques de Narbonne, les lettres d'appel sont nulles & de nul effet, & tout ce qui s'en ensuit, si elles ne sont signées par le Iuge ou son Lieutenant.

VII. FAVSSETE'.

Il n'y a pas plus de raison dans la plainte qu'ils font encore que cette Sentence a esté renduë au préjudice d'un appel comme d'abus au Parlement de Toulouse : Car il est faux qu'ils eussent signifié avant la Sentence aucun appel en forme, ce qu'ils n'ont fait que prés d'un mois apres la Sentence. Ils ont bien dit qu'ils en appelloient, mais dire qu'on en appelle n'eſt pas un appel qui lie les mains au Iuge Eccleſiaſtique. Et de plus l'évocation generale accordée par le Roy à M. l'Eveſque d'Alet de toutes les cauſes de luy & de ſes Officiers au Parlement de Grenoble qui avoit eſté deuëment ſignifiée au Parlement de Toulouze, le rendoit ſi certainement incompetant, qu'on n'euſt pas dû s'arreſter quand meſme l'appel euſt eſté en forme.

VIII. FAVSSETE'.

Ils repreſentent ſi ſerieuſement dans leur Avertiſſement p.31. que la Sentence qui les a declaré excommuniez eſt nulle, parce qu'elle a eſté renduë *au préjudice de leurs appellations en Cour de Rome du principal de la conteſtation: ce qui rendoit*, ajoûte-t'il, *l'Official d'Alet incompetant à cauſe que le principal dont l'excommunication eſtoit un acceſſoire, eſtoit devolu en Cour de Rome*, qu'il n'y a perſonne qui puſt juger autre choſe en liſant leurs écritures, ſinon qu'ils ont repreſenté fortement cette raiſon pour empeſcher que l'Official d'Alet ne paſſaſt outre, mais qu'il n'y a pas eu d'égard. Et cependant il n'y a rien de ſi faux. Ils reconnoiſſoient alors, comme ils ont fait longtemps depuis, que l'appel des Ordonnances de viſite, & le ſujet pour lequel on les a excommuniez eſtoient deux affaires toutes ſeparées, & qui ſe devoient juger ſeparément. C'eſt pourquoy parmy tous les faux pretextes qu'ils ont recherchez pour empeſcher l'Official d'Alet de proceder contre eux, ils ne ſe ſont jamais aviſez de cette mauvaiſe raiſon, que cette affaire de l'excommunication n'eſtoit qu'vn acceſſoire de l'appel des Ordonnances dont le Pape eſtoit ſaiſi. Ils ne l'ont pas meſme alleguée apres la Sentence renduë dans l'appel qu'ils en interjetterent comme d'abus au Parlement de Toulouze quinze jours apres cette Sentence, où ramaſſant tous les moyens qu'ils avoient pour infirmer cette Sentence, ils ne propoſent que ces quatre. *1. Qu'elle eſtoit renduë au préjudice de l'inſtance pendante pardevant la Cour. 2. Au préjudice de l'appel relevé pardevant le Metropolitain. 3. Qu'on leur a oſté la liberté de recourir au meſme Metropolitain leur enjoignant de ſe pourvoir en Cour de Rome. 4. Pour avoir eſté renduë par des Iuges ſuſpects au préjudice des recuſations.* Voilà tous les moyens qu'ils avoient pour combattre cette Sentence, & non ſeulement ils n'y mettent point celuy qui auroit dû eſtre le principal, que l'affaire dont celle-cy n'eſtoit que l'acceſſoire eſtoit devoluë à Rome ; mais l'un de ces moyens, ſçavoir le 3. eſt tout contraire à cela, puis qu'ils ſe plaignent qu'on leur a oſté la liberté de recourir au Metropolitain en leur enjoignant de ſe pourvoir à Rome pour ſe faire rehabiliter à cauſe qu'ils eſtoient irreguliers Ils ne

croyoient donc pas que cette affaire de l'excommunication fuſt déja
devoluë à Rome, puis qu'ils propoſent pour un de leurs principaux
griefs contre la Sentence, de ce *qu'on les renvoyoit à Rome, & qu'on
les empeſchoit de s'adreſſer* AV METROPOLITAIN, comme en effet
ils s'y adreſſerent bien-toſt apres, tant ils eſtoient éloignez de croire que cette affaire ne fuſt qu'un acceſſoire de l'appel des Ordonnances. Et ainſi c'eſt une plainte tout à fait injuſte de dire que l'Official d'Alet a eu grand tort de les juger au préjudice d'une raiſon
qu'ils ne luy ont jamais alleguée, & qu'ils n'auroient dû luy alleguer
que tres-fauſſement. Cependant il eſt à remarquer que ce ſont ces
quatre dernieres fauſſetez que l'on vient de repreſenter, qui font
toutes les pretenduës nullitez de l'excommunication des ſieurs de
l'Eſtang & Rives.

IX. FAVSSETE'.

Pour colorer le mépris qu'ils ont fait de la Iuriſdiction de l'Egliſe,
en appellant au Parlement de Toulouze, & non au Metropolitain,
de la ſentence d'excommunication qui avoit eſté renduë contre
eux, ils feignent qu'ils avoient relevé leur appel à Narbonne, mais
qu'ils avoient eſté ſurpris d'y voir deux Officiaux, l'un nommé le
ſieur d'Agen pour les ſeules affaires du Dioceſe d'Alet, & l'autre
pour celles de tous les autres Suffragans: & ils repreſentent cela
comme une bigearrerie ſans raiſon & qui n'auroit point d'autre cauſe, ſinon *que M. d'Alet*, (ce ſont leurs paroles en la page 281.) *pour
eſtre plus abſolu dans ſon Dioceſe a obtenu de M. de Narbonne de com-
mettre le ſieur d'Agen ſa creature pour Official Metropolitain des ſeules
affaires du Dioceſe d'Alet.* Il eſt bien honteux à des Preſtres de chercher de ſi faux pretextes pour noircir leur Eveſque par une maligne
interpretation des choſes les plus innocentes. On a déja dit que le
Promoteur d'Alet ayant un procés contre l'Official de Narbonne,
il n'eſtoit pas juſte qu'il fuſt ſon Iuge : Et ainſi M. de Narbonne en
a dû nommer un autre, comme il a fait, pour les affaires où il auroit
intereſt. Et ce Prelat ne pouvoit pas mieux témoigner qu'il n'affe-
ctoit rien dans ce choix, qu'en donnant cette commiſſion à ſon Vicaire General, qui n'en eſt pas moins homme de bien pour avoir eſté
quelque temps à Alet. Mais pour montrer que ce n'eſt point cela
qui a empeſché les ſieurs de l'Eſtang & Rives d'appeller à Narbonne, mais ſeulement le ſupport qu'ils ſçavoient bien qu'ils trouveroient au Parlement de Toulouze à cauſe des parens du ſieur Doyen,
c'eſt qu'ils l'ont fait depuis deuant le meſme ſieur d'Agen lors qu'ils
appellerent à luy de l'Ordonnance de M. d'Alet du 24. Decembre :
ce qui fait bien voir qu'ils ne le croyoient point abſolument dévoüé
à M. d'Alet, puis qu'ils le prenoient pour Iuge de ſon Ordonnance, & qu'ainſi ce n'eſt point cela qui les a empeſchez d'appeller au

Metropolitain de la fentence d'excommunication à laquelle M. d'Alet n'avoit point de part, mais la feule facilité d'obtenir tout ce qu'ils vouloient au Parlement de Toulouze.

X. FAVSSETE'.

Parlant de l'ordonnance de M. d'Alet contre l'abus qu'ils faifoient de l'abfolution *ad cautelam* du grand Vicaire de Toulouze, ils difent p. 42. *Qu'ils auroient pû n'y pas deferer comme eftant nulle, attentoire & abufive, & que neanmoins comme ils ont voulu avoir de la foûmiffion mefme* POUR SES EGAREMENS, *ils fe feroient abftenus de celebrer dans le Diocefe d'Alet, & fe feroient contentez de le faire dans celuy de Narbonne par la permiffion du Vicaire General.* C'eft le ftile le plus modefte qu'ils employent envers un Evefque dont la vie édifie toute l'Eglife. Ils ne croiroient pas avoir bien relevé la pretenduë foûmiffion qu'ils fe vantent de luy rendre, qu'en difant qu'ils en ont *mefme pour fes égaremens.* Il faut l'injurier pour fe faire un plus grand merite d'une chimerique deference, & d'un veritable violement des plus conftantes loix de l'Eglife. Car c'eft une des plus anciennes & des plus indubitables difpofitions du droit canonique, que celuy qui eft excommunié dans un Diocefe l'eft en tous les autres, & ainfi la mefme raifon qui les faifoit abftenir de celebrer dans le Diocefe d'Alet les en devoit auffi faire abftenir dans celuy de Narbonne, & nul ne leur en pouvoit donner permiffion qu'aprés un jugement canonique. C'eft pourquoy auffi c'eft une fauffeté que le Vicaire General de Narbonne la leur ait donnée. Ils luy font injure de luy imputer cette faute contre la difcipline de l'Eglife : & il feroit en droit s'il vouloit de leur en demander reparation.

XI. FAVSSETE'.

Ils falfifient les paroles de cette ordonnance de M. d'Alet, pour prouver contre toute forte de verité que c'eft luy qui les a traduits au Parlement de Grenoble. *Et pour preuve* (difent-ils en parlant de cette ordonnance en la p. 291.) *que ledit Sieur Evefque a luy mefme traduit les Sieurs de l'Eftang & Rives au Parlement de Grenoble, il dit que fur l'appel comme d'abus, ils ont dû fe pourvoir en iceluy attendu fon evocation generale.* Au lieu que l'ordonnance de M. d'Alet porte feulement ces termes dans l'expofé qui contient la requifition du Promoteur : *Que les Sieurs de l'Eftang & Rives ayant efté declarez avoir encouru l'excommunication fe feroient rendus appellans comme d'abus de cette fentence au Parlement de Toulouze, lequel bien qu'incompetant mefme pour nos caufes civiles & feculieres attendu l'évocation d'icelles, & de tous autres au Parlement de Grenoble, deuëment intimée auroit rendu Arreft, &c.* Comment peut-on dire que M. d'Alet les a traduits par là au Parlement de Grenoble. Leur témoigne-t'il en aucune forte ; *qu'ils ont deu fe pourvoir en ce Parlement* comme ils le luy font dire en falfifiant fes paroles? Marque-t'il autre chofe finon l'incompetence du Parlement de Toulouze? Or leur fermoit-on pour cela la voix de s'adreffer à la Iuftice Ecclefiaftique comme ils firent bien-toft aprés, où on les fuivit tres-volontiers fans les faire aller en aucune forte au Parlement de Grenoble, jufqu'à ce qu'eux mefmes s'y font adreffez?

I'ay honte de m'arrefter à une autre induction ridicule qu'ils tirent de cette ordonnance de M. d'Alet pour l'accufer *d'une diffimulation indigne de fa vertu*, en ce qu'il a dit, *que la Sentence qui les a declarez excommuniez n'avoit efté renduë ny par fon ordre, ny par fon commandement, ny de fon fceu.* Ils pretendent que cela eft contraire aux défenfes qu'il leur fait dans cette ordonnance de faire leurs fonctions : Et en la p. 70. exagerant fur une autre occafion cette contrarieté pretenduë, ils parlent ainfi : *M. d'Alet ofa bien dire que tout ce qui s'eftoit paffé s'eftoit fait fans fon ordre, quoy que dans la mefme réponfe il témoigne luy mefme qu'il en a eü une entiere connoiffance, & il avouë qu'il eft celuy qui a le plus d'intereft dans cette affaire : De forte que de toutes manieres le Confeil voit l'inegalité de fa conduite, & que dans* SON EMPORTEMENT *à peine peut-il eftre d'accord avec luy mefme.* Eft-il poffible qu'ils ne voyent pas qu'il faut qu'ils foient euxmefmes bien emportez pour traitter fi injurieufement un Evefque fur un fujet fi frivole, & pour ne fe pas appercevoir qu'ils fe figurent des contrarietez imaginaires dans les chofes du monde qui s'allient le mieux. Iamais M. d'Alet n'a dit qu'il n'avoit pas eü de connoiffance de l'excommunication des Sieurs de l'Eftang & Rives depuis que la fentence avoit efté renduë contre eux. Car comment auroit-il pû ignorer ce qui eftoit fceu de tout le Diocefe & mefme de toute la Province par les clameurs qu'ils en avoient faits par tout? Mais ce qu'il a dit & ce qui eft tres-veritable eft, *qu'eftant dans le cours de fa vifite depuis plufieurs jours lors que cette fentence fut renduë, cela ne s'eftoit fait ny par fon ordre, ny par fon commandement, ny de fon fceu.* Ne faut-il pas eftre frappé d'étourdiffement, comme parle l'Ecriture, pour trouver qu'il y a de la contrarieté entre cette verité, *que la chofe ne s'eft point faite de fon fceu,* & cette autre verité, *qu'il l'a fceuë aprés qu'elle a efté faite;* qui eft tout ce qu'ils tirent de ces actes, dont ils prennent fujet de l'accufer *d'une diffimulation indigne de fa vertu,* & de luy reprocher un *emportement* qui l'empefche *d'eftre d'accord avec luy mefme.*

XII. FAVSSETE'.

On ne fçait fi ce que l'on va remarquer peut eftre appellé fauffeté ou ignorance, mais il peut eftre l'un ou l'autre, quoy qu'il foit difficile de ne pas foupçonner de mauvaife foy une fi étrange alteration

ration du droit canonique, qu'eſt celle dont ils ont voulu autoriſer leur abſolution *ad cautelam*, comme leur ayant donné droit de ſe rétablir dans toutes leurs fonctions. Ils diſent qu'il n'y a qu'un cas où l'on doive refuſer cette ſorte d'abſolution, qui eſt lors que ceux qui la requereroient auroient eſté excommuniez *pro manifeſta of-feinſa. Auquel cas ſeulement*, diſent-ils p. 141. *les abſolutions ad cau-telam ne comprennent pas les crimes execrables cap. venerabilibus 7. de ſentent. excom. in 6. Et par conſequent ladite abſolution peut eſtre appliquée à tous les autres cas.* Voilà comment ils veulent montrer qu'on a deu leur accorder l'abſolution *ad cautelam*, parce qu'ils n'ont pas eſté excommuniez, à ce qu'ils pretendent, *pro manifeſta offenſa*; c'eſt à dire ſelon leur gloſe, *pour un cas execrable*; ce qui ne forme point d'autre idée dans noſtre langue que de quelque crime honteux & énorme tels que ſont ceux que Tertullien appelle des monſtres. Mais il eſt bien aiſé de faire voir l'abſurdité de cette in-terpretation par le chap. meſme qu'ils citent, qui eſt le 7. *de ſent. excom. in 6.* Car peut-on dire que ces mots, *manifeſte offenſe*, ne com-prennent que *les cas execrables*, puiſque dans le meſme chap. *Vene-rabilibus* qu'ils alleguent pour appuyer cette fauſſeté, il eſt dit que celuy-là eſt cenſé avoir eſté excommunié, *pro manifeſta offenſa*, qui s'eſt vanté qu'il ne comparoiſtroit point devant ſon Superieur Ec-cleſiaſtique devant lequel il auroit eſté aſſigné. *Secus autem*, dit le Pape Innocent IV. dans ce chapitre, *Si ſe contumacem confiteatur, vel alias de contumacia ſua conſtet, quia forte prædixerat in judicio quod minime compareret: Tunc enim (cum manifeſta ſit contumacia, & MANIFESTA reputetur OFFENSA) non eſt ei (niſi primo expenſa-rum ſatisfactione ac de ſtando judicio cautione præſtita) abſolutio im-pendenda.* Il eſt donc certain que par le chapitre auquel les Sieurs de l'Eſtang & Rives nous renvoyent pour y apprendre ce que c'eſt que d'eſtre excommunié *pro manifeſta offenſa*, c'eſt l'avoir eſté *pour une manifeſte offenſe*, que de n'avoir pas voulu comparoiſtre devant ſon Iuge lors qu'on l'avouë, ou qu'on en eſt convaincu. C'eſt à eux à voir s'ils pretendent que ce *cas eſt execrable*. Mais qu'ils en jugent ce qu'ils voudront, il eſt certain que c'eſt un moindre peché que de porter à des Iuges ſeculiers une cauſe purement Eccleſiaſtique, ce qui eſt défendu par tant de canons à peine d'excommunication. Et par conſequent puis qu'ils avoüent que ceux qui ſont excom-muniez *pro manifeſta offenſa*, ne doivent point eſtre rétablis dans leurs fonctions par une abſolution *ad cautelam*, il s'enſuit qu'ils ne l'ont point dû eſtre par le propre chapitre qu'ils alleguent, & dont ils n'ont pû rien tirer à leur avantage qu'en le falſifiant par cette gloſe extravagante que ces mots de *manifeſta offenſa*, ne compren-nent que *des cas execrables*.

R

XIII. FAVSSETE'.

Voicy encore une autre fausseté de mesme nature que la precedente; c'est à dire qui regarde la doctrine. Ils supposent que M. d'Alet leur a refusé l'absolution *ad cautelam* (ce qui n'est pas vray, leur ayant seulement dit de la demander d'une autre maniere qu'avec un Notaire & des témoins :) Et pour luy faire un crime de ce refus, ils pretendent que *selon saint Thomas en la 3. part. quest. 24. le benefice d'absolution* DOIT *estre imparty, etiam invito & contumaci ab Episcopo si videat consulere saluti illius etiam si juste fuit excomunicatus.* Iamais rien ne fut plus mal allegué. 1. Cela n'est point dans la troisiéme partie de la Somme de saint Thomas, mais dans le Supplément qui a esté pris de ce qu'il a fait estant jeune sur le Maistre des Sentences , & qui n'a pas la mesme autorité que la Somme. 2. On a changé le *peut* en *doit*, le passage portant seulement : *Quod etiam manente contumacia potest aliquis discretè excommunicationem justè latam remittere si videat saluti illius expedire , in cujus medicinam excommunicatio lata est.* 3. Ce pouvoir mesme estant attaché à cette condition que cela serve au salut de celuy qui a esté justement excommunié , il est visible que cette possibilité est fort metaphysique , & que tout ce qui est dit dans cet article regarde plus une Speculation Theologique , qu'une regle de pratique. Car c'est un cas sans doute , tout à fait extraordinaire qu'il soit utile au salut d'une personne qu'on a justement excommuniée d'estre restablie dans la Communion des Fidelles , quoy qu'elle ne le veüille pas & quelle demeure dans son opiniastreté. Il faudroit une lumiere prophetique pour attendre de tels miracles. Cela passe les regles communes de la prudence Chrestienne , qui doit juger que c'est estre bien indigne d'une aussi grande grace , qu'est celle d'estre reüny au Corps de IESUS-CHRIST , que de ne daigner seulement pas la demander. Quoy qu'il en soit , nul excommunié ne se peut servir de ce passage pour se plaindre qu'on ne l'ait pas absous , puis qu'il ne peut pas prouver que son Evesque ait jugé que cela luy fust utile pour son salut.

XIV. FAVSSETE'.

Toutes les fois qu'ils parlent de l'absolution *ad cautelam* qui leur fut accordée à Narbonne aprés l'appel qu'ils y interjetterent de l'ordonnance de M. d'Alet du 24. Decembre 1663. ils ne manquent pas de faire entendre, que celuy qui la leur donna declara par le mesme acte , qu'il les restablissoit dans les fonctions de leurs ordres.

En la p. 45. ils disent qu'ils receurent une seconde absolution à Narbonne, *Avec deffenses à toutes personnes*, ce sont leurs propres termes ,*de les troubler dans les fonctions de leurs Ordres & de leurs Be-*

nesices à peine d'excommunication ipso facto. Et ils se plaignent en la
p. suivante, *que peu de jours après le Promoteur arracha du mesme Official une ordonnance toute contraire, par laquelle il declara qu'ils se
devoient abstenir d'exercer les fonctions de leurs ordres.*

En la p. 145. *Le Metropolitain leur accorda une seconde fois l'absolution ad cautelam, & les rétablit dans toutes leurs fonctions & dignitez.*
Et reconnoissant qu'il a declaré depuis le contraire, ils disent, *que la
revocation d'une chose déja jugée sans un nouveau fait, est absurde.*

Et en la p.294. Ils disent *qu'ils se feroient pourueus à l'Official Metropolitain, lequel les auroit une seconde fois absous ad cautelam, &
fait défenses de rien attenter au préjudice* AVEC PERMISSION DE CON-
TINVER LEVRS FONCTIONS, *& que le mesme Official quelques jours
apres par un changement surprenant, & une legereté blasmable dans un
Iuge; a retracté la mesme Ordonnance pour plaire audit sieur Evesque
d'Alet, & declaré qu'ils ne pouvoient s'ingerer dans la fonction de leurs
Benefices.*

Qui pourroit croire, apres cela que l'Ordonnance de l'Official
Metropolitain, laquelle ils produisent pour prouver ce fait, ne con-
tint pas la permission d'exercer les fonctions de leurs ordres, & des
défenses de les y troubler, comme ils l'asseurent si hardiment? Et
cependant il ne faut que lire cette Ordonnance pour estre convaincu du contraire. Car voicy tout ce qu'elle contient apres le veu des
pieces. *Tout consideré, Nousdit Vicaire General & Official par nostre
Ordonnance mise en blanc de ladite Requeste, ayant aucunement égard
à icelle, veu le consentement dudit Procureur Fiscal, avons fait & fai-
sons inhibitions de rien attenter au préjudice des appels sur les peines de
droit. Et cependant avons accordé ausdits de l'Estang & Rives l'absolution des excommunications contre eux laxées par ledit sieur Evesque
ou son Official ad cautelam & cum reincidentia, s'il y échet.* D'AGEN
signé en l'Original.

Où est *la permission de continuer dans leurs fonctions,* qu'ils supposent si expressément que cét Official leur avoit accordée par cette
Ordonnance? Il paroist au contraire, que l'ayant demandée par leur
requeste, & l'Official n'en ayant fait aucune mention dans l'Ordonnance, quoy qu'elle y fut énoncée dans le veu des pieces, c'est une
marque qu'il la leur avoit refusée. Mais au moins ce qu'on peut dire
de plus avantageux pour les sieurs de l'Estang & Rives, est qu'il ne
s'estoit pas assez expliqué sur ce point, & ainsi l'ayant fait depuis sur
la requeste du Promoteur, & ayant declaré qu'il n'entendoit point
qu'ils fissent aucune fonction Ecclesiastique, qu'autrement par luy,
n'en eust esté ordonné, c'est un emportement sans raison, de l'accuser comme ils font *d'un changement surprenant, & d'une legereté
blasmable.*

XV. FAVSSETE'.

Le sieur Doyen ne parle jamais de son emprisonnement qu'il n'accompagne le recit qu'il en fait de plusieurs faussetez. Voicy ce qu'il en dit en la p. 168. *La passion de M. l'Evesque d'Alet a esté si puissante sur luy, & il a esté si peu maistre de ses mouvemens, qu'il a fait emprisonner avec violence* CE GENEREVX DEFFENSEVR DES DROITS DE L'EGLISE ET DES PRIVILEGES DV CHAPITRE D'ALET DONT IL EST DOYEN; *qu'il l'a detenu plus de trois mois dans les prisons de sa maison comme le plus criminel de son Diocese, avec une severité si étonnante qu'on luy a desnié sa subsistance des journées toutes entieres, & que l'on l'a menacé des fers & du cachot, s'il ne vouloit pas se soûmettre audit sieur Evesque, approuver tout ce qu'il avoit fait, & souscrire à sa doctrine.* Et en la p. 58. il dit, que *M. d'Alet l'estant venu visiter dans sa prison, luy avoit fait entendre que le seul moyen de rompre ses fers estoit d'approuver tout ce qu'il avoit fait.*

Il faut estre bien ennemy de la verité pour avancer tant de mensonges. M. le Doyen sçait fort bien que lors qu'on fut contraint de le retenir prisonnier M. l'Evesque d'Alet preschoit le Caresme en la ville Saint Paul, & que mesme ce jour là une affaire importante l'avoit obligé d'aller à l'extremité de son Diocese. Il sçait que son emprisonnement n'a point esté une affaire premeditée, puis qu'il se fit le jour mesme qu'il arriva à Alet, & qu'il vint troubler le service de l'Eglise sur vne pretenduë absolution de M. d'Alby, ce qu'on ne pouvoit pas prévoir qu'il feroit. Et cependant dissimulant tout cela, il prend sujet de cette action à laquelle M. d'Alet n'a point de part, de le traiter avec outrage, & de le representer comme un homme emporté que la passion domine, & qui n'est *pas maistre de ses monvemens.*

Voilà les couleurs dont il peint un des plus sages Prelats de l'Eglise. Mais en recompense il fait un autre portrait qui doit attirer le respect de tout le monde. Car qui ne revereroit un *genereux défenseur des droits de l'Eglise, & des privileges du Chapitre d'Alet.* C'est l'éloge que ce *genereux* Doyen se donne à luy-mesme, & peu s'en faut qu'il ne s'estime un autre S. Thomas de Cantorbie, & qu'il n'egale sa prison aux persecutions & au martyre de ce Saint. Mais le mal est que ces droits de l'Eglise qu'il pretend avoir défendus ne sont qu'en idée, n'ayant au contraire travaillé qu'à asservir l'Eglise, & à la dépoüiller de sa Iurisdiction, & que les privileges du Chapitre d'Alet n'ont garde de l'avoir eu pour défenseur, puis que ces privileges ne furent jamais, & qu'ils sont aussi chimeriques, que cette *étonnante severité* qu'il reproche à M. d'Alet d'avoir exercée envers luy, *en luy déniant sa subsistance des journées toutes entieres:* ce qui est un mensonge horrible, ayant toûjours esté aussi-bien traité que M. d'Alet, à la détension prés.

Mais c'eſt le comble de la hardieſſe de dire *qu'on l'a menacé des fers & du cachot s'il ne vouloit pas ſe ſoûmettre audit ſieur Eveſque, approu-ver tout ce qu'il avoit fait, & ſouſcrire à ſa doctrine ;* & d'aſſeurer que M. d'Alet luy-meſme luy a fait entendre *que c'eſtoit le ſeul moyen de rompre ſes fers.* Il ſçait bien qu'il n'a tenu qu'à luy de ſortir de priſon dés le lendemain, puis qu'il n'avoit pour cela qu'à répondre à l'Of-ficial d'Alet qui eſt ſon Iuge naturel, & qu'ainſi la longueur de ſa priſon n'a eſté l'effet que de ſon enteſtement, & d'un enteſtement tout à fait déraiſonnable, puis que n'eſtant ny exemt ny privilegié il n'avoit aucun droit de ſe ſouſtraire à la Iuriſdiction de la Cour Ec-cleſiaſtique d'Alet, mais ſeulement d'en appeller s'il ſe trouvoit gre-vé en quelque choſe. Et c'eſt ce qu'il reconnoiſt luy-meſme en par-tie lors que meſlant le vray & le faux, il dit *que M. d'Alet luy fit en-tendre que le ſeul moyen de ſortir, eſtoit d'approuver tout ce qu'il avoit fait, de ſe ſoûmettre, & de répondre pardevant ſon Official.* Il n'y a que ce dernier de vray, Car c'eſt la ſeule condition qu'on luy a toû-jours demandée pour ſortir, qu'il répondiſt devant l'Official, ce qui eſtoit tellement dans l'ordre, que ſçauroit eſté ruiner toute la Iuriſ-diction de l'Egliſe, que de l'élargir ſans cela. Mais ce qui marque le plus de venin eſt *qu'on l'ait menacé des fers & du cachot s'il ne ſouſcri-voit à la doctrine de M. d'Alet.* Y eut-il jamais une malignité plus diabolique que d'inventer de tels menſonges deſtituez de toute preuve, afin de faire paſſer un ſaint Eveſque pour un nouveau dog-matiſte, qui a une doctrine particuliere contraire à celle de l'Egliſe, qu'il fait ſouſcrire par force & en menaçant des fers & des cachots. Il ne reſtoit plus que cela pour achever la couronne de ce *genereux défenſeur,* non ſeulement *des droits de l'Egliſe,* mais auſſi de ſa foy & de ſa doctrine, qui a mieux aimé, ſi nous l'en croyons, s'expoſer aux fers & aux cachots, que de ſouſcrire la pretenduë mauvaiſe doctrine de M. d'Alet, qu'on luy vouloit faire ſigner par de ſi terribles mena-ces. Que peut-on dire à un tel homme de plus ſalutaire, que ce que dit Simon Pierre, à un autre Simon. *Pœnitentiam age ab hac nequi-tia tua, & roga Deum ſi forte remittatur tibi hæc cogitatio cordis tui. In felle enim amaritudinis & obligatione iniquitatis video te eſſe.*

XVI. FAVSSETE'.

Le ſieur Doyen pretend que ſon empriſonnement n'a pas eſté fait dans les formes, parce qu'il n'y a point eu de Sergent Royal, celuy qu'on a dit y avoir aſſiſté nommé Ichard ayant declaré n'y avoir eſté preſent Quand cela ſeroit vray l'empriſonnement ne laiſſeroit pas d'avoir eſté dans les formes, parce qu'il fut pris à la porte de l'Eveſ-ché, auquel cas on n'avoit pas beſoin de Sergent. Mais il eſt vray neantmoins que Ichard y eſtoit preſent, & ſi on a extorqué de luy une declaration contraire, on en a reconnu la foibleſſe, puis qu'on ne l'a osé produire, parce que le Promoteur l'auroit fait declarer fauſſe, y ayant trop de témoins qui peuvent dépoſer qu'il y eſtoit.

Mais de plus, comment le ſieur Doyen peut-il ſoûtenir qu'il n'y avoit point de Sergent quand il fut pris, puis que par un acte paſſé pardevant Notaires auſſi-toſt apres qu'il fut arreſté, lequel il a luy-meſme produit au procés, ſe plaignant de la maniere dont on l'avoit arreſté, il dit: *Que le ſieur Promoteur l'a conduit dans l'Eveſché en ſortant de la Cathedrale* AVEC DES SERGENS *tres-ignominieuſement & avec violence.* Qu'il s'accorde s'il peut avec luy-meſme. Il ſe plaint dans cét acte de cette circonſtance, comme faiſant partie de l'ignominie qu'il a ſoufferte, qu'on l'a conduit dans l'Eveſché *avec des Sergens.* Et parce que depuis il s'eſt imaginé que ce ſeroit un défaut contre les formes s'il n'y avoit point eu de Sergent, il ſoûtient dans ſes écritures contre ſon propre témoignage, qu'il n'y en avoit point.

XVII. FAVSSETE'.

Les ſieurs de l'Eſtang & Rives ne pouvant répondre aux raiſons convainquantes par leſquelles le Promoteur a fait voir que M. l'Eveſque d'Alby eſtoit incompetant pour l'affaire de l'excommunication, ils ſe ſont aviſez pour les éluder de luy reprocher d'agir en cela de mauvaiſe foy, puis que luy-meſme a reconnu ce Prelat en qualité de Iuge de cette affaire, *en luy preſentant une requeſte tendante à declarer que l'abſolution par luy donnée n'avoit d'autre effet que de leur donner la faculté* D'ESTER *en jugement.* Mais on a déja fait voir que cela eſtoit tres-faux, & que jamais le Promoteur n'a preſenté aucune requeſte à M. d'Alby par laquelle il l'ait reconnu pour Iuge, ne luy en ayant adreſſé qu'une ſeule, par laquelle il demandoit uniquement, qu'il luy pluſt reconnoiſtre que le Bref de Rome, qui eſtoit nul pour avoir eſté donné ſur un faux expoſé, ne luy donnoit aucun pouvoir pour l'affaire de l'excommunication, & que de plus les ſieurs de l'Eſtang & Rives l'ayant portée à des Parlemens par des appels comme d'abus deſquels ils n'avoient point deſiſté, il n'en euſt pû connoiſtre ſelon la Iuriſprudence de France quand ſa commiſſion auroit eſté legitime.

XVIII. FAVSSETE'.

Il n'y a rien de plus étonnant que de voir l'aſſeurance avec laquelle ils oſent dire que les ſollicitatiõs de M.^de de Breſſac, de M. Guillet & autres parens de ladite Dame, envers les Iuges de la troiſiéme Chambre du Parlement de Grenoble ſont toutes fauſſetez, *eſtant vray,* diſent-ils, p. 208. *que ladite Dame de Breſſac & ſes parens n'ont jamais eu aucun commerce avec les ſieurs de l'Eſtang & Rives, & n'ont appuyé leurs intereſts ny directement ny indirectement.* Cette hardieſſe à nier une choſe ſi certaine n'eſt fondée que ſur ce qu'on n'a pû faire oüir les témoins, le credit des mesmes personnes qui ont fait obtenir l'Arrest du 21. Aoust, ayant empesché qu'aucun Sergent n'ait osé les assigner comme il paroist par l'acte qui fut accordé au Promoteur par le Iuge de Grenoble, qu'il a remis au Greffe du Conseil pour luy servir d'enqueste. Car cét acte fait foy, que le Promoteur estant allé à Grenoble pour executer l'Arrest du Conseil, qui luy donnoit pouvoir d'informer du *fait propre*, il l'avoit mis entre les mains du Iuge Royal de Grenoble : qu'ensuite ayant pris des lettres pour faire assigner les témoins, il les avoit remises entré les mains d'un Sergent, lequel apres les avoir gardées deux jours, dit, *qu'il ne les pouvoit exploiter, parce que M. du Bonnet Conseiller audit Parlement, beau-frere de la Dame de Bressac & M. Guillet, l'avoient menacé de le mal-traiter, & de le faire mettre en prison, s'il le faisoit.* Qu'on tenta les autres Sergens, & qu'on leur promit tout l'argent qu'ils demandoient. Que quelques-vns refuserent mesme d'accepter, que d'autres prirent les lettres & les rendirent auec la mesme réponse que le premier. Que cela obligea le Promoteur de demander à ce Iuge qu'il luy plust enjoindre à son Greffier d'aller luy-mesme faire injonction à tous les Sergens de la Ville qu'ils eussent à assigner les témoins, que ce Greffier le fit, mais que les Sergens refuserent d'obeïr ayant plus d'apprehension de ces Messieurs, parens de M^de de Bressac que du Iuge.

Quand vingt témoins auroient déposé touchant les sollicitations de cette Dame, & de ses parens, en seroit-on plus asseuré qu'on l'est par ce procés verbal. Car s'il estoit vray, comme l'osent asseurer les sieurs de l'Estang & Rives, qu'ils n'eussent point sollicité cette affaire, pourquoy auroient-ils empesché que les témoins ne fussent oüis? pourquoy auroient-ils arresté le cours de la Iustice par leur credit? Il est donc vray que ce procés verbal qui est en tres-bonne forme & tres-autentique tient lieu d'enqueste, & est plus fort qu'une enqueste. Car outre la verité des sollicitations qui paroist assez par là, il fait voir encore avec quelle chaleur on les a faites, puis que des Magistrats se sont pû porter par le mouvement de la mesme passion à user de voyes si indignes de leur qualité, pour empescher par la terreur & par les menaces, qu'on ait pû proceder à une enqueste juridique ordonnée par le Conseil.

Mais ce qui montre encore bien clairement que les sollicitations dont on s'est plaint, ont esté non seulement tres-publiques, mais bien extraordinaires, est quelles plus gens de bien en ayant esté blessez, pour empescher qu'il ne s'en fist plus de semblables à l'avenir, qui faisoient tort à la reputation du Parlement, on arresta dés la S. Martin suivante, qu'il seroit défendu à tous ceux de la Compagnie de solliciter ny directement ny indirectement, & que tous s'y obligeroient par serment.

C'eſt à quoy les ſieurs de l'Eſtang & Rives devroient répondre s'ils agiſſoient de bonne foy, & non pas s'arreſter à la mépriſe d'un Avocat du Conſeil, qui en l'abſence du Promoteur ayant mal pris les memoires qui luy avoient eſté envoyez, dans leſquels il eſtoit parlé des ſollicitations du Preſident Pourroy frere de la Dame de Breſſac, s'eſtoit imaginé qu'il eſtoit de ſervice à la troiſiéme Chambre de Grenoble, ce qui a eſté corrigé dans tous les actes que l'on a faits depuis, où on a parlé de cette affaire. Et il eſt ſi hors d'apparence que cela ſoit dit autrement que par mégarde, que l'avantage que les ſieurs de l'Eſtang & Rives penſent en tirer, en qualifiant cette mépriſe du nom *de menſonge parfait*, eſt tout à fait puerile. Les fauſſetez qu'on leur reproche ne ſont pas de cette nature : elles ſont toutes premeditées, & ils y perſeverent opiniaſtrement par une reſolution inflexible.

XIX. FAVSSETE'.

Telle eſt celle dont ils ont taſché de couvrir l'inhumanité qu'ils ont exercée envers le ſieur Salva treſorier du Chapitre, l'ayant entraiſné malade de priſon en priſon, ſous le faux pretexte, qu'il ne vouloit pas leur payer ce qui leur eſtoit dû, quoy qu'il euſt declaré qu'il eſtoit preſt de le faire, & qu'on le laiſſaſt ſeulement aller à ſon logis où eſtoient les grains & l'argent. Pour colorer une ſi horrible injuſtice, ils luy font dire, *qu'il eſtoit preſt de donner ce qu'il pouvoit avoir qui eſtoit tres-peu de choſe, le ſurplus ayant eſté diverty en vertu des deliberations du Chapitre :* ce qui eſt une fauſſeté que l'Avocat de cette perſonne ne manquera pas de confondre par des pieces autentiques.

Ils l'accompagnent d'une autre pour faire croire qu'ils n'avoient pas ſujet d'eſtre contens de la conſignation faite entre les mains d'un Marchand de la ſomme de 160. liures & de 70. ſeptiers de blé, qui eſt *qu'ils n'avoient rien receu depuis plus de deux années de leurs benefices qui ſont de plus de trois ou quatre mil livres de rente.* Ils veulent peut-eſtre ſe défaire de leurs benefices, & c'eſt qui les porte à les faire monter ſi haut. Mais quand ils vaudroient cela tous les deux enſemble (car ce ſeroit une grande chimere s'ils l'entendoient de chacun en particulier) ils ſuppoſent deux choſes tres-fauſſes : la 1. qu'il y euſt plus de deux années qu'ils n'en recevoient rien, lors qu'ils preſſerent le ſieur Salva de les payer ; car ce fut à la fin du mois de Septembre 1664. & il ne leur pouvoit rien eſtre dû que depuis leur excommunication qui fut au mois de Novembre 1663. ce qui ne fait que dix ou unze mois. La 2. que pendant ce temps-là, ils n'ayent rien receu de leurs Benefices, au lieu que le ſieur de l'Eſtang a toûjours tiré librement le revenu de ſon Doyenné qui vaut au moins ſept cens eſcus, & qu'ainſi il ne luy pouvoit eſtre dû, non plus qu'au

ſieur

ſieur Rives que les diſtributions, qui ne pouvoient aller à ce qui avoit eſté conſigné.

Mais le ſieur Salva n'eſtoit pas un aſſez digne objet de leur haine. Il falloit que les impoſtures, dont ils ſe ſervent pour juſtifier les mauvais traitemens qu'ils luy ont fait rejailliſſent, contre celuy qui eſt le principal but de leurs médiſances. C'eſt par là qu'ils ſe ſont imaginez qu'ils rendroient moins incroyable l'extravagant procedé qu'ils attribuent à ce pauvre homme, d'avoir mieux aimé ſouffrir les rigueurs d'une cruelle priſon que de ſe deſſaiſir de ce qu'il avoit entre les mains, qu'il luy eſtoit indifferent de donner à qui que ce fuſt, pourveu qu'il en fuſt valablement déchargé, comme il l'eſtoit ſans doute en payant en vertu d'un Arreſt. *L'on void bien*, diſent-ils, p. 213. *que ledit Salva qui eſt domeſtique & Maiſtre d'Hoſtel de M. d'Alet* (cela eſt faux, il y a long temps qu'il ne l'eſt plus) *eſt trop exact à obeïr à ſes ordres pour n'avoir pas preferé la priſon à la neceſſité de n'y obeïr pas, c'eſt à dire de ne concourir pas avec ſon Maiſtre dans le deſſein qu'il a eu d'abattre leſdits ſieurs de l'Eſtang & Rives par toutes ſortes de voyes, & entr'autres en leur retranchant les moyens de leur ſubſiſtance.* C'eſt ainſi qu'on ſuppoſe à un Eveſque par un menſonge criminel des deſſeins qu'il n'eût jamais, afin de pouvoir attribuer à une obeïſſance chimerique la reſolution opiniaſtre qu'on veut faire croire par une impoſture qui choque le ſens commun, avoir eſté priſe par un Laïque chargé d'un ménage & d'une famille, de languir plûtoſt dans les plus rudes priſons, que de payer en conſequence d'un Arreſt, une ſomme aſſez modique dont il n'eſtoit que dépoſitaire. Et neanmoins ſi nous en croyons les ſieurs de l'Eſtang & Rives, cela eſt ſi clair que pour toute preuve, ils n'ont qu'à dire *qu'on void bien* cela. Au lieu que tout ce que l'on void, eſt qu'il n'y a rien de plus digne de gemiſſement que l'aveuglement de ces deux Preſtres, qui ſemblent avoir renoncé à toutes les conſiderations de conſcience & d'honneur, pour s'abandonner à la paſſion qui les tranſporte de médire de leur Prelat.

XX. FAVSSETE'.

C'eſt ce qui paroiſt bien davantage dans la declamation outrageuſe de leur Avertiſſement, dont le Promoteur a porté ſa plainte à Sa Majeſté & à Meſſieurs de l'Aſſemblée du Clergé. C'eſt pourquoy on ne fera que toucher icy en peu de mots, ce qu'on peut voir plus au long dans cette Requeſte au Clergé, & dans les pieces qui l'accompagnent.

Leur deſſein dans cette invective envenimée eſt de repreſenter M. l'Eveſque d'Alet comme un perſecuteur & un tyran, qui *fait reſſentir les atteintes de ſes injuſtices & de ſes violences à preſque tous les Eccleſiaſtiques, tous les Ordres, & tous les Sexes de ſon Dioceſe.* C'eſt la calomnie capitale qu'ils taſchent d'appuyer par deux ſortes de moyens. L'un eſt de donner des couleurs malignes aux plus ſaintes pratiques de ce ſaint Eveſque, en faiſant un ſpectre hideux du ſoin qu'il a d'empeſcher l'abus des fauſſes penitences condamnées par tant de Conciles. Et l'autre, de renouveler les plus noires impoſtures que la cabale de quelques Gentils-hommes a publiées contre ce Prelat, & les accõpagner de quelques hiſtoires ſi horriblement alterées, qu'ils font des crimes épouventables à M. d'Alet & à ſes Officiers, de ce qui ne leur peut eſtre qu'un ſujet de merite devant Dieu, & de loüange devant les hommes.

Si des Preſtres ont eſté punis pour leurs ſcandales, quoy qu'ils ayent eux meſmes acquieſcé aux ſentences renduës contre eux; on a la hardieſſe de dire qu'on a ſuborné des femmes pour les accuſer fauſſement, & pour les chaſſer par cet artifice de leurs Benefices & du Dioceſe.

S'il y en a d'autres qui ayant eſté arreſtez pour des crimes dont ils ont eſté convaincus, ont trouvé moyen de ſe ſauver des priſons; on en prend occaſion de reprocher à M. l'Eveſque d'Alet une ſeverité ſi terrible, que des Preſtres s'en deſeſperent & ſe precipitent pour l'éviter.

Et enfin ſi un malheureux ayant mené une vie débordée pendant pluſieurs années, ſans qu'on luy fiſt aucun mal ny aucun mauvais traitement, ſinon qu'on s'eſtoit aſſeuré de ſa perſonne, & qu'on le menoit priſonnier du Dioceſe de Caſtres à celuy d'Alet, s'empoiſonne par le chemin; on ſe ſert de cet accident qu'on ne peut imputer qu'à la malice conſommée de ce méchant homme, pour tranſformer un ſaint Prelat en un nouveau Diocletien, qui traitte ſi cruellement des Preſtres innocens, qu'ils *choiſiſſent plûtoſt de perdre leurs ames par le poiſon que de laiſſer davantage leurs corps expoſez aux ſupplices qu'on leur fait ſouffrir.*

On ne s'arreſte pas plus long-temps ny ſur ces hiſtoires, ny ſur les calomnies qu'ils ont répanduës contre M. d'Alet avec une malignité tout à fait horrible, parce qu'on y a ſuffiſamment répondu dans un Eclairciſſement attaché à la Requeſte que le Promoteur a preſentée au Clergé, pour luy demander juſtice contre de ſi grands excez qui regardent tous les Eveſques, puiſque s'ils ſouffrent qu'on outrage ſi inſolemment celuy qu'on peut dire eſtre aujourd'huy l'un des plus grands ornemens de leur College Apoſtolique, il n'y en aura aucun d'entr'eux qui oſe rien entreprendre d'un peu vigoureux pour le rétabliſſement de la diſcipline de l'Egliſe, qui ne ſe doive attendre d'eſtre auſſi-toſt déchiré de la meſme ſorte, & reduit à employer en procez & en chicannes le bien & le temps qu'il doit employer aux beſoins de ſon Dioceſe.

C'eſt pourquoy on peut dire que de l'évenement de cette affaire, dépend ou le repos, ou l'accablement des bons Eveſques. Car ſi l'on

reprime l'audace de ces deux Ecclefiaftiques qui fe font élevez contre leur Prelat d'une maniere fi fcandaleufe : Si on leur fait fentir
que les plus fages Rois peuvent eftre prevenus par des menfonges,
mais qu'auffi-toft qu'ils en font éclaircis, ils en puniffent plus feverement ceux qui les ont voulu tromper : Si on contribuë à les faire
rentrer dans leur devoir en ne leur ouvrant point d'autre porte
pour fe reconcilier à l'Eglife, après tant d'injures qu'ils luy ont faites, que celle de la penitence & de l'humiliation ; les bons Evefques
pourront efperer que cet exemple donnera de la terreur aux méchans, & les rendra moins hardis à les traverfer dans leurs bons def-
feins. Mais fi au contraire Dieu permettoit, par un Iugement terrible contre ces deux Preftres, que leurs infultes contre leur Evefque & contre l'Eglife demeuraffent impunis ; qu'ils rentraffent dans
leurs fonctions fans fatisfaction & fans penitence ; & qu'ils fe con-
fervaffent la malheureufe liberté de troubler, comme ils ont tafché
de faire depuis deux ans, tout le bon ordre d'un Diocefe, les Prelats qui ont du zele pour le bien des ames & pour l'obfervation des
canons, n'ont qu'à s'armer de patience & à s'attendre qu'ils ne feront aucun bien confiderable, qu'ils ne fe trouvent accablez d'op-
pofitions & de procez. Et comme il eft befoin d'une extraordinaire
fermeté d'efprit pour fe vouloir bien expofer à de fi rudes combats,
il y a fujet de craindre que fi un tel Evefque que M. d'Alet fuccom-
boit en apparence dans la perfonne de fon Promoteur en une fi
jufte caufe, cela ne refroidift le zele de la plufpart des Evefques qui
auroient de la peine à fe refoudre de travailler ferieufement à la reformation de leur Diocefe, ne le pouvant faire fans eftre en butte
à la calomnie, & continuellement troublez dans l'exercice de leur
miniftere, & principalement dans les ordonnances qu'ils font obligez de faire en diverfes rencontres pour le reglement de la difcipline.   *Signé,*

VINCENT RAGOT, *Preftre*, *Promoteur d'Alet.*

www.ingramcontent.com/pod-product-compliance
Lightning Source LLC
LaVergne TN
LVHW021828170726
843503LV00003B/872